불안한 마음을
안아 주는 심리학

불안한 사람들을 위한
심리 처방전

불안한 마음을
안아 주는 심리학

가토 다이조 지음 — 이용택 옮김

이너북
INNERBOOK

스스로 불행해지는 선택을 하고 있다

불안에 대처하는 것은 인간의 가장 큰 과제입니다.

덴마크의 철학자 소렌 키에르케고르Sören Kierkegaard는 '불안은 자유의 가능성이다.', '불안을 올바르게 품는 방법을 배운 자는 최고의 지식을 배웠다고 할 수 있다.'라고 말했습니다(이시다 하루오, 「자기 불안의 구조」).

코로나 바이러스 이후, 우리는 불안에 빠지기 쉬운 상황에 놓여 있습니다. 그렇다고 해서 불안의 문제가 요즘에 와서 특별히 더 불거진 것은 아닙니다. 예전부터 불안은 인생 최대의 문제입니다. 사람은 누구나 예외 없이 크고 작은 불안을 품고 살아가기 때문입니다.

'불안은 성장과 인식을 제한하고 감정생활의 영역을 좁힌다. 그리고 정동적 건강emotional health은 개인 인식의 정도와 같아진다. 그러므로 불안을 밝히는 것, 나아가서 인식을 넓히고 자아를 확대하는 것은 정동적 건강 달성의 길이기도 하다(롤로 메이 Rollo May, 「불안의 의미The Meaning of Anxiety」).

이 점을 제대로 이해하지 못하는 것은 현대인이 행복해질 수 없는 근원적인 원인입니다. 인간은 자립에 대한 갈망과 의존심의 갈등 속에 있습니다. 그것은 의식의 영역과 무의식의 영역 사이의 갈등입니다.

이로 인한 불안 때문에, 본인은 행복해지는 선택을 했다고 생각해도 사실은 불행해지는 선택을 하고 있는 것입니다.

기다려도 어려움은 해결되지 않는다

그런데 불안에 대한 잘못된 대처란 무엇일까요? 연상하기 쉽도록 코로나 바이러스 감염증 문제를 둘러싼 논의를 예로 들어보겠습니다.

현대의 위기는 코로나 바이러스 감염증 자체가 아닙니다. 우리가 코로나 바이러스와 맞설 의지와 능력 자체를 상실해가고 있는 것이 진정한 위기입니다.

오스트리아의 정신과 의사 베란 울프W. Beran Wolfe는 지나치게 망설이는 사람에 대해 언급한 바 있습니다. 지나치게 망설이는 사람은 '그냥 기다리다 보면 문제가 사라진다.', '누군가가 자신의 어려움을 해결해 줄 것이다.'라는 식의 기대를 합니다. 하지만 이런 생각은 불안을 억지로 가라앉히는 마약과 같습니다.

'억압된 적의는 현실의 위험을 인정하고 이에 맞서 싸울 능력을 빼앗아 버린다'(롤로 메이Rollo May, 『불안의 의미The Meaning of Anxiety』).

저는 대학원 수업에서 헤겔의 역사철학을 배웠습니다. 그중에서도 지금까지 기억하고 있는 하나는 헤겔이 '역사상의 과제에서 해결하기 어려운 것은 올바른 것과 올바른 것과의 모순 충돌이다.'라는 주장입니다. 저는 이 말을 듣고 헤겔이 인류의 역사를 진정으로 고찰해 본 사람이라는 느낌이 들었습니다.

'올바른 것'과 '잘못된 것'이 충돌하는 경우에는 간단합니다. 이때는 '올바른 것'을 선택하면 됩니다. 하지만 '올바른 것'과 '올바른 것'이 모순적으로 충돌할 때는 판단하기가 정말로 어렵습니다. 헤겔의 역사철학까지 들출 필요도 없이, 역사상 해결하기 어려운 과제는 늘 '올바른 것'과 '올바른 것'의 모순 대립이었습니다.

시점이 한정된 논의라면 무엇이 올바른지 중학생도 알 수 있습니다. 그런데 코로나 문제를 둘러싼 국회에서의 논의를 듣고 있자니, 도저히 국회의원의 논의라고는 생각되지 않습니다. 술집에서나 투덜댈 만한 부정적인 감정을 마구 토해내고 있을 뿐입니다. 코로나 바이러스 감염증 문제는 애초에 논의의 관점 자체가 잘못되었습니다.

안이한 해결법은 혼란을 초래한다

코로나 바이러스 감염증 해결과 경기 회복을 양립시킨다는 정책 자체가 잘못입니다. 국가 지도자가 진심으로 헤겔과 같은 철학을 배웠다면 이번 코로나 사태는 초기에 막을 수 있었을 것입니다.

유감스럽게도 감염증 해결과 경기 회복의 양립이라는, 안이한 생각에 많은 사람들이 동조했습니다. 당장에는 편하지만, 그런 안이한 해결 방법은 오랜 시간의 틀 안에서는 최악의 결과를 가져옵니다. 불안의 본질을 이해하지 않으면 안이한 해결을 요구하게 되고, 문제는 더욱 심각해집니다.

이 국난 속에서 일본이 경제 성장을 기대했는지도 모릅니다. 하지만 그런 마법 지팡이는 인류 역사상 존재하지 않았습니다. 현실을 적절히 왜곡 해석하는 것은 천박한 낙관주의를 넘어선 나르시시즘입니다.

지금 일본이 겪고 있는 가장 무서운 증상은 제멋대로 현실을 해석하는 나르시시즘, 즉 현실 부정입니다. 나라는 심각한 국난에 대처하는 지혜도 용기도 없이 나르시시즘이라는 유아적인 면으로 도망쳐 버렸습니다.

실제로 코로나 바이러스 감염증의 논의에서는 당초에 '리먼 쇼크 이래 최대 위기'라는 인식으로 논의가 이루어졌습니다. '리먼 쇼크 위기'라는 전제하에서는 '올바른 것'과 '올바른 것'의 모순 대립은 없었습니다. 그저 경제 회복의 문제만 존재했습니다.

거리두기를 풀어 버린 데 따른 영향의 중대성

이런 역사상 보기 드문 국난의 시대에 안이한 해결책밖에 말할 수 없는 국가 지도자에게는 철학이 없습니다.

현재 논의의 또 다른 잘못은 코로나 문제 해결에 이르는 시간적 틀이 너무 짧다는 것입니다. 1개월 후, 반 년 후, 1년 후밖에 생각하고 있지 않습니다. 감염증 대책과 경제 회복의 양립 같은 해결법을 계속 추진하다 보면 수십 년 후에 더 무서운 일이 일어날 것입니다.

거리두기를 풀어 버린 데 따른 영향의 중대성을 아무도 깨닫지 못하고 있습니다. 지금의 유치원생이나 초등학생이 40~50대가 되어 나라를 짊어지게 되었을 때, 일본은 어디서부터 손대야 할지 모를 참상을 맞이할 것입니다.

그 참상을 한 마디로 말하자면, 사회가 사회로서 성립할 수 있는 토대인 공통 감각(상식)의 붕괴입니다. '왜 사람을 죽이면 안 될까?'라는 어이없는 질문을 하는 어른이 나타나게 될 것입니다.

이미 코로나 사태 이전부터, 사회가 사회로서 성립할 수 있는 근원인 '공통 감각'이 상실되어 개연성 없는 범죄가 증가하고 있었습니다. 그저 상대방의 말투가 기분 나쁘다는 이유로 충동적 살인을 저지르는 사건이 일어나고 있습니다. 큰 죄를 저지른 소년범이 "너희도 돼지나 소를 죽여서 먹으니까 피차일반이지!"라고 외치기도 했습니다.

일본은 코로나 문제 해결을 위해 거리두기를 풀었지만, 아이들의 마음이 붕괴되고 있는 문제를 무시하고 있습니다.

다들 '망설이는 병'에 걸려 있다

미국의 심리학자 데이비드 시버리David Seabury는 '불행을 받아들이면 앞으로 해야 할 일이 보인다.'라고 말했습니다.

자세한 것은 본문에서 설명하겠지만, 불안의 소극적 해결을 요구하는 사람들은 현실을 인정하지 못합니다. 불안을 꽁꽁 숨기려는 데 모든 에너지를 소모해 버립니다.

현대의 위기는 코로나 바이러스 감염증 자체가 아닙니다. 코로나 바이러스 감염증에 의해 일어나는 '공통 감각'의 붕괴와 같은 문제에 대해 맞서 싸울 의지와 능력 자체를 상실하고 있는 것이 문제입니다. 그것은 '행복을 얻을 힘까지 버리고 있다'고도 할 수 있습니다.

망설이는 병에 걸린 사람들은 가만히 있으면 저절로 문제가 사라질 것이라 기대합니다. 누군가가 자신의 문제를 해결해줄 것이라고 기대합니다. 하지만 그것은 존재하지도 않는 마법 지팡이를 원하는 것이며, 쉽게 말해 마약을 구하는 것과 같습니다.

요즘 사람들은 모두 망설이는 병에 가볍게 걸려 있는 것 같습니다. 그래서 코로나로 인해 몇 번이나 긴급 사태 선언을 내놓아도 청년들 사이에서는 위기감이 없었습니다. 그저 누군가가 자신의 어려움을 해결해 주기를 기대하기만 했습니다. 나르시시즘적인 소망에 따라 현실을 왜곡하고, 자신에게 편한 해석을 내리는 것입니다. 그저 마음속의 소망대로만 현실을 바라보았습니다.

나르시시즘인 소망에 따라 현실을 해석하는 것은 물론 청년

들만이 아닙니다. 감염자 수가 줄어들자마자 정치권에서는 또다시 국내 관광 진흥책을 내놓았습니다.

안이한 해결을 요구하는 마음의 습관이 점점 강화되고 있습니다. 정신적으로 덜 성숙한 성인이 점점 증가하고 있습니다.

전염병 해결과 경기 회복의 균형을 맞추려는 안이한 정책의 실패로 삶은 더욱 고통스러워질 것입니다. 무력감도 만연해 있습니다. 생명보다 경제가 중요하다는 선택의 배경에는 그런 가치관이 있는 것입니다.

지금의 일본 사회가 심리적으로 얼마나 아파하고 있는지, 그 인식에 근거해 대책을 세우지 않는다면 근본적인 해결을 기대할 수 없습니다. 설령 코로나 사태를 어떻게든 극복한다고 해도 다음 위기에 대응할 능력은 없을 것입니다. 그래서 제가 현대사회에 내놓고 싶은 제언은 '불안의 심리를 이해하라.'입니다.

'억압된 적의는 현실의 위험을 인정하고 이에 맞서 싸울 능력을 빼앗아 버린다.' 이것은 앞서 소개한 심리학자 롤로 메이의 말입니다.

지금 사람들은 현실의 위험을 인정하고 그에 맞설 능력을 박탈당하고 있습니다.

미국의 심리학자 매슬로Maslow, A. H는 '자기실현에 성공한 사람은 모순을 견딜 수 있다.'라는 명언을 남겼습니다. 현재, 많은 사람들이 자아실현과 거리가 먼 생활을 하고 있습니다. 안이한 해결책으로 사태를 계속 악화시키고 있습니다. 문명이 발전할수록 사람들은 불행해지는 전형적인 예입니다. 이를 피하기 위해서는 불안의 심리를 반드시 이해해야 합니다.

불안의 소극적 해결과 적극적 해결

이 책에서 '불안을 잠재우는 방법'에 관해 설명하기 위한 흐름을 소개하겠습니다.

처음에는 불안의 전체적인 모습을 살펴보겠습니다.

그 다음으로 불안을 회피하는 심리적인 해결 방법에 관해 생각해 보겠습니다.

그 해결 방법으로 먼저 '불안의 소극적 해결법'에 대해 이야기할 것입니다. 소극적 해결법은 한 마디로 말해 불안을 일시적으로 잊어버리는 방법입니다. 근원적으로 불안을 없애는 것은 아니기 때문에 바람직하지 않은 방법이지만, 일단 이에 대해 설명하겠습니다.

이어서 '불안의 적극적 해결법'을 이야기하겠습니다. 이 방법은 실천하기 매우 어렵지만, 불안을 정면으로 마주하고 근본적으로 해결하는 올바른 방법입니다.

이 책을 통해서 인간이 불행해지는 원인이 무엇인지, 인간에게 부과된 인생의 과제에 어떻게 대처하는 것이 바람직한지, 그리고 어떻게 해야 행복해질 수 있는지까지 생각해 보려고 합니다.

차
례

머리말

제1장
인간은 어째서 불안에 시달리게 되었는가?

제2장
'현실적 불안'과 '신경증적 불안'

제5장
불안과 분노의 깊은 관계

제7장
불안 극복을 위한 '적극적 해결'

맺음말

인간은 어째서
불안에 시달리게
되었는가?

공동체 붕괴가
불안의 시초

　요즘의 코로나 사태에 불안이라는 문제에 관해 생각한다는 것은 '인류는 어떻게 살아야 하는가?'와 같은 중대한 문제를 고찰하는 것과 같습니다. 이 책에서는 이러한 인류의 절박한 문제를 고민하려고 합니다.

　오랜 인류의 역사를 돌이켜보면, 애초에 인간이 불안에 시달리게 된 것은 코로나 사태가 일어나기 훨씬 전, 공동체가 붕괴하기 시작한 때부터였습니다.

　인류의 역사는 공동체에서 기능집단으로 이행해 온 역사입니다. 공동체는 인간의 본질적인 의지에 의해 이루어진 집단이며, 가족이나 마을이 그 대표적인 예입니다. 기능집단은 특정한 사회적 기능을 수행하기 위해 의도적으로 만든 집단이며, 회사나 정당이 그 대표적인 예입니다.

예전에는 공동체에 속해 있기만 하면, '존재하는 것만으로도 삶의 의미와 가치가 있다'고 여겨졌습니다. 즉 인간은 존재 자체에 의미를 둘 수 있었습니다.

그런데 기능집단은 공동체와 달리 거기에 속해 있는 것만으로는 가치나 의미를 지닐 수 없습니다. 예를 들어, 회사의 부장님이 '나는 존재 자체에 의미가 있다'면서 부장으로서의 역할을 다하지 않는다면, 그 회사는 망할지도 모릅니다. 애당초 그 사람이 회사에서 요구하는 역할을 수행하지 않는다면 일찌감치 회사에서 쫓겨났을 것입니다.

이처럼 인간 사회는 공동체에서 기능집단으로 이행해 왔는데, 이 흐름 자체가 불안의 시대로 접어들었음을 의미합니다.

또한 현대는 소비사회, 경쟁사회로 변화해 왔습니다. 사실 이것이 우리의 불안을 가중하는 커다란 요인입니다. 경쟁사회에서 느끼는 불안은 이루 헤아릴 수 없을 만큼 큽니다. 경쟁사회에서는 오직 이기려는 데만 급급하고 얼른 결과만 내려고 안달합니다. 지금 수행하는 일의 결과에 지나치게 신경 쓰느라 불안에서 벗어날 틈이 없습니다.

신경증으로
치닫는 사회

소비사회 역시 사람을 강한 불안에 빠뜨립니다.

소비사회에서는 '이 상품을 사면 좋은 일이 생겨요.'라면서 사람들을 홀립니다. '이 크림을 바르면 피부가 탱탱해져서 열 살은 더 젊어 보여요.', '이 자동차를 사면 폼나게 살 수 있어요.'라는 식으로 상품 구입을 강요합니다.

요컨대 소비사회는 '돈만 내면 무슨 문제든 손쉽게 해결할 수 있다'면서 상품을 경쟁적으로 팔아먹는 사회입니다. 소비자들이 손쉬운 해결책만 구한다는 것은 사회 전체가 신경증에 빠져 있다는 증거입니다.

사람은 살아가면서 여러 가지 어렵고 힘든 일을 겪게 되는데, 그런 고통에 대해 손쉬운 해결책을 제시하는 사람이 있다면 다들 그 사람 주변으로 모여들기 마련입니다. 다시 말해, 소비사회는 모두가 열심히 신경증을 향해 치닫는 사회입니다. 게다가 그런 현상을 사회적으로도 부추깁니다.

인생을 산다는 것은 정말 힘듭니다. 인간이 누구나 행복하게 살도록 프로그램되어 있는 것은 아니기 때문입니다. 그런데도 '이것만 읽으면 불안이 사라지고 확실히 행복해집니다.'라는 식의 안이한 행복론을 담은 책들이 끊임없이 쏟아지고 있습니다. 손쉽게 불안을 없애는 방법에 관해 한두 시간 내에 독파할 수 있는 분량의 책을 출판사에서도 요구합니다.

하지만 불안을 그렇게 손쉽게 없앨 수는 없는 노릇입니다. 그렇다고 해서 불안을 없애는 힘겹지만 참된 방법을 책으로 쓴다면 실천하기 어렵다는 이유로 출판사에서 발간을 거절할 것입니다. '불안을 없애는 매우 간단한 방법이 있다.'라고 말하는 책과 '인간의 불안은 근원적인 문제여서 해결하기 어렵다.'라고 말하는 책 중에서 독자는 아무래도 전자를 선호하기 때문입니다.

소비사회는 상품 판매를 최우선으로 삼기 때문에 '어떤 상품을 샀을 때의 이득'을 널리 홍보합니다. 당연하다는 듯 너무나 쉽게 불안을 해소할 수 있다고 주장하며 조잡한 상품들을 팔아먹습니다.

하지만 세상에는 그런 마법 지팡이 같은 편리한 해결책은 존재하지 않습니다. 그런 해결책이 존재했다면 인류는 진즉에 아무 걱정 없이 행복하게 살고 있을 것입니다.

그런 존재하지 않는 마법 지팡이를 파는 사회가 소비사회입니다. '이렇게 하면 행복해질 수 있다'면서 – 그렇게 한다고 행복해질 리가 없는데도 – 어떻게든 손쉽게 바라는 것을 얻을 수 있다면서 경쟁적으로 무엇이든 팔아치우고 있습니다.

정신적으로
성장하기 위해

인생의 과제 중 하나는 나르시시즘의 극복입니다. 사람은 누구나 나르시시즘을 가지고 태어납니다. 살아가는 과정에서 그 나르시시즘을 승화하고 극복하면서 우리는 성장해 나갑니다. 인간이 성장해 나가려면 각 시기마다 반드시 해결해야 할 과제가 있는데, 이 나르시시즘을 해소해서 정신적으로 성장하는 것도 그중 하나입니다.

그런데 이 세상에는 극복해야 할 나르시시즘을 도리어 만족시키는 요소들이 많습니다. 예컨대 '이 가방을 들고 다니면 근사해 보일 거예요.'라고 말하는 것이 바로 나르시시즘을 충족시켜 주는 요소입니다.

본래 인간은 성장과 퇴행의 갈등 속에서 살아가야 하는 존재입니다. 그러나 소비사회에서는 인내와 수고 없이 손쉽게 욕구를 충족시켜 버립니다. 언뜻 성장에 따른 괴로운 시련 없이 살 수 있는 좋은 사회처럼 보이지만, 그것은 성장과 정반대인 퇴행이며 결국 인생에 역경을 초래합니다.

나르시시즘이나 퇴행을 구태여 극복하지 않아도 즐겁게 살 수 있는 사회라면 좋은 사회가 아니냐는 반문도 할 법합니다. 그러나 점차 나이를 먹고 자신의 인생을 되돌아보았을 때, 스스로 성장하지 않았다면 주변에 마음이 통하는 친밀한 사람이 없음을 비로소 깨달을 것입니다. 그런 쓸쓸한 사실을 인생의 종반부에 처음 깨닫는다면 매우 처량한 일이 아닐 수 없습니다. 그런데도 소비사회는 '겉만 번지르르한 경박하고 안이한 생활 방식'이 옳다고 부추깁니다.

인간이 성장해 나가려면 나르시시즘이나 퇴행을 극복하는 것만으로는 부족합니다. 부모로부터 진정한 자립을 하기 위해 '오이디푸스 콤플렉스Oedipus complex'도 극복해야 합니다. 오이디푸스 콤플렉스는 지그문트 프로이트Sigmund Freud가 '인류의 보편적 과제'라고 부를 만큼 해결하기가 무척 어려운 과제입니다.

그런데 소비사회에서는 그러한 힘든 과제에 대해서도 '돈만 내면 해결된다.', '이 책을 읽으면 해결된다.'라는 식으로 안이한 해결책을 내놓습니다. 진정한 성장으로 이어지지 못하는 해결책들이 터무니없이 팔리고 있는 것입니다.

애초에 풍요로운 인생은 그렇게 쉽게 얻을 수 없습니다. 눈앞에 차례차례 들이닥치는 불가피한 인생의 과제들을 하나하나 해결하면서 조금씩 성장함으로써, 결과적으로 간신히 풍요로운 인생을 살 수 있습니다. 성장과 퇴행의 갈등 속에서 살아간다는 것은 엄청난 부담과 위험이 따르는 일입니다.

하지만 소비사회에서는 그러한 부담과 위험을 지지 않고 살아가는 얄팍한 방법을 가르쳐 줍니다. 그런데 그 경우에는 앞에서도 말했듯이 인생에 필요한 성장을 이루지 못하기 때문에 결국 막다른 골목에 몰리게 됩니다. 그 때문에 지금 우리가 모두 불안에 빠져 있는 것입니다.

우리가 불안을
품고 있는 이유

인류의 오랜 역사를 돌이켜보면, 처음에는 공동체가 중심이었지만 점차 기능집단으로 이행해 왔고, 현대에는 소비사회이자 경쟁사회가 되었습니다. 그런 소비사회, 경쟁사회에서는 누구나 돈만 내면 손쉽게 얻을 수 있는 얄팍한 해결책들이 경쟁적으로 팔리고 있고, 소비자들은 그것들을 앞다투어 사려고 합니다.

당장에는 편할지도 모릅니다. 이것은 요컨대 술을 진탕 마시고 잠들어서 현실을 잊어버리려는 소극적인 해결책입니다. 하지만 술에서 깨어났을 때의 현실은 달라진 것이 없습니다.

우리는 지금 이런 소비사회에서 살고 있습니다. 그러므로 인간은 불안해질 수밖에 없습니다. 코로나 사태 이전부터 인간은, 정신과 의사 카렌 호나Karen Horney의 말처럼, '기본적 불안 basic anxiety' 상태였던 것입니다.

인간은 다른 사람들과 관심을 주고받으면서 마음의 버팀목이 생겨납니다. 그런데 지금은 모든 것이 불확실한 시대입니다. 마음의 버팀목이 있다면 자신감을 가지고 행동에 나설 수 있지만, 마음의 버팀목이 없다면 격한 분노와 불안의 감정만 치솟습니다.

믿을 구석이 없다는 것이 가장 큰 문제입니다. 남들은 물론 자기 자신도 믿지 못하니까 불안해집니다. 요즘 세상에는 마음 편하게 머무를 수 있는 자리가 없습니다. 그래서 사람들은 걱정 없고 마음 편한 장소를 필사적으로 찾아다닙니다.

이것은 인간의 매우 강한 욕구이며, 그 욕구를 채우는 가장 간단한 방법이 신흥 종교입니다. 기독교, 불교, 이슬람교 등 전통적인 종교에서 편안한 마음을 얻기 위해서는 일정한 노력과 수행이 필요합니다. 하지만 신흥 종교에서는 그 집단에 들어가는 것만으로도 '이미 행복해졌습니다.'라고 말해줍니다. 너무나 안일한 해결책이지만, 달리 방법이 없는 사람들은 신흥 종교에 푹 빠져 버리고 맙니다.

인생의 비극은
'착한 아이'에게 비롯된다

저는 아마도 독자 여러분보다 나이가 많을 것입니다. 제가 젊었을 적에 책을 쓸 때를 회상해 보면, 불안을 어떻게 극복해야 하는가에만 몰두한 것 같습니다.

1985년에 집필한 『사랑받지 못했을 때 어떻게 살 것인가』라는 책이 있습니다. 사랑받지 못했을 때의 불안에 관한 책인데, 이를 반대로 바라본다면 남을 사랑하기만 하더라도 마음 든든한 사람을 얻게 된다고도 할 수 있습니다.

1990년에는 『인생의 비극은 '착한 아이'에서 비롯된다』라는 책을 썼습니다. 지시와 순종의 관계 속에 들어가면 당장에는 별 문제 없이 살아갈 수 있지만, 점점 자신의 모습을 잃어버리고 주변에 남몰래 적의를 품게 되며 자신의 인격에 모순이 생겨나 불안이 증대한다는 내용입니다.

　『인생의 비극은 '착한 아이'에서 비롯된다』라는 제목은 '착한 아이'가 되어야 한다는 불안이 인생을 비극으로 몰고 간다는 뜻입니다.

실제 연령과 정신 연령은
전혀 별개이다

인간은 매우 불공평합니다.

화목한 부모 밑에서 태어나면, 어머니의 넘치는 사랑과 아버지의 풍족한 격려를 받을 수 있습니다. 그러한 환경에서는 인생의 여러 과제를 하나하나 극복하면서 제대로 자립할 수 있습니다.

하지만 사이가 좋지 않은 부모 밑에서 태어날 수도 있습니다. 아버지의 가정폭력으로 어머니의 울음소리가 그치지 않는 가정에서는 아이가 제대로 성장하기 힘듭니다. 요즘에는 심각한 유아 학대도 많이 발생합니다.

이처럼 화목하지 못한 가정에서 태어나면 육체적으로나 심리적으로나 학대받고 고독과 불안을 품게 됩니다. 반면에 단란한 가정에서 태어나면 영국의 정신과 의사 존 볼비John Bowlby가 말한 '무의식적 안심unconscious reassurance'을 가지고 성장합니다.

'무의식적 안심'은 자신도 모르게 품게 되는 마음의 안정감을 뜻합니다. 즉 보호, 안심, 안전이 보장되고 있음을 무의식적으로 느끼는 상태입니다. 어떤 일이 생기더라도 반드시 도와줄 사람이 있다고 믿는 것, 자신이 항상 사랑받고 보호받고 있음을 믿는 것, 그런 안정감의 토대 위에서 살면서 '무의식적 안심'을 가진다는 것은 정말로 멋진 일입니다.

이처럼 보호와 안전이라는 인간의 근원적인 욕구가 충족되는 사람이 있는가 하면, 그러지 못한 사람도 있습니다. 그런데 사회는 이러한 조건의 차이가 있는데도 불구하고, 모든 사람을 똑같이 취급합니다. 마음속에 '무의식적 안심'이 있든 없든 스무 살만 되면 똑같은 성인으로 다루는 것입니다.

그러나 스무 살이 된 사람 중에는 심리적으로 두세 살에 불과한 미숙한 정신 연령을 지닌 사람도 있습니다. 이처럼 인간으로서 덜 성숙한 사람이 수두룩합니다. 게다가 정신 연령이 어린 부모 밑에서 태어난 아이도 육체적으로나 심리적으로나 불안을 품고 살아갈 확률이 높습니다.

하지만 어떤 환경에서 태어나든 자신의 운명을 스스로 개척하고 힘차게 살아가야 한다는 점은 같습니다.

내 인생은
어떤 인생인가?

그런 의미에서 우리에게 중요한 것은 인격의 재구성입니다. 다시 말해, 지금까지와는 다른 관점으로 자신의 가치관을 재검토하는 것입니다. 주변 사람이 나에게 요구해 온 가치관이 아니라, 내가 믿는 나만의 가치관을 재구성하는 일입니다.

앞서 말했듯이 세상에는 '무의식적 안심'을 지닌 사람도 있습니다. 그런 사람은 무슨 일이 생기면 자신을 도와줄 사람이 반드시 존재한다고 무의식적으로 믿을 수 있습니다. 반면에, 남들에게 어떤 일을 당할지 몰라 공포스럽고 살아가기가 두렵다는 사람도 있습니다.

'기억으로 동결된 공포감'이라는 말이 있습니다. 이는 유아기에 자신이 언제 구타당할지 모르는 환경에서 자라면서 가지게 되는 공포감입니다. '기억으로 동결된 공포감'은 10~20년의 세월이 흐른다고 해서 저절로 사라지지 않습니다. 그냥 놔두면 죽을 때까지 이 공포감을 품고 살게 됩니다.

불행한 가정에서 태어난 것이 물론 본인 책임은 아닙니다. 그러나 그러한 운명을 안고 태어났다고 해서 언제까지고 '기억으로 동결된 공포감'을 품고 산다면 서른 살, 마흔 살을 넘어 일흔 살, 여든 살이 되어도 결코 행복해질 수 없습니다. 자신이 마주한 인생을 받아들이면서도 인격을 재구성함으로써 새로운 인생을 개척하는 것이 중요합니다.

'아버지가 알코올 의존증으로 폭력을 행사해서 내가 이 모양이 되었다.'라고 말하는 사람에게 그것은 '기억으로 동결된 공포감'입니다. 이는 매우 오랫동안 강하게 마음속에 남습니다. 하지만 아무것도 안 하고 그냥 살다 보면 삶이 고달파질 뿐입니다. 이래서는 너무나 비극적입니다.

따라서 그런 인생을 송두리째 재구성해야 합니다. 그러기 위해서는 자신의 인생이 어떤 인생인지 고민하는 것이 더없이 중요합니다.

사실은 도움을
청하고 있다

지금은 불안의 시대입니다. 물론 그 불안은 사람마다 다릅니다. 매우 심각한 불안을 안고 있는 사람도 있고, 그렇지 않은 사람도 있습니다.

일단 기억해야 할 것은 불안이 도움을 요청하는 형태로 작용한다는 점입니다. 불안한 사람은 자신의 여러 가지 불안을 주변에 털어놓습니다. 그러나 비관적인 사람이 털어놓는 불안은 낙관적인 사람의 눈에는 그렇게까지 비관적으로 보이지 않을지도 모릅니다. 그것은 상대방이 불안을 털어놓음으로써 도움을 청하고 있음을 알아야만 비로소 이해할 수 있는 불안입니다. 그러므로 불안을 털어놓는다는 것 자체가 '도움을 청하는 행위'라고 받아들여야 합니다.

성경의 사도 바울도 2,000년 전 무렵부터 '긍정적인 것과 즐거운 것을 생각하며 살자'고 말했습니다. 물론 인간은 2,000년이 지나도 그것을 실현하지 못하고 있습니다만……

　어쨌든 사람들은 줄곧 긍정적이고 즐거운 생각을 하고자 불안을 털어놓으며 도움을 청하고 있습니다. 불안을 털어놓는 사람도 본인이 주변에 도움을 청하고 있다는 사실을 자각하는 것이 중요합니다.

고민하는 사람의
속마음

- 고민하는 사람이 털어놓는 불안은 고민하지 않는 사람의 눈에는 '왜 그렇게까지 끙끙 앓는 걸까? 고민해 봤자 소용없잖아.'라고 말하고 싶어질 만큼 사소한 것으로 보인다.
- 고민하는 사람도 역시나 끙끙 앓는다고 현실을 바꿀 수 없다는 것을 안다.
- 알고는 있지만 고민을 좀처럼 그만두지 못한다.
- 왜냐하면 고민한다는 것은 '도와달라'는 외침인데, 그것을 남들이 이해해 주지 않기 때문이다.

갓난아기는 배고프거나 목마르거나 무서움을 느낄 때 울음을 터뜨려서 도움을 청합니다. 아기가 운다는 것은 곧 '도와달라'는 요청입니다.

이와 마찬가지로 불안을 털어놓는 사람이 의식의 영역에서 여러 가지 고민을 이야기하는 것은 무의식적으로 도와달라고 외치는 것입니다. 이는 사회적으로 받아들여지는 신호입니다.

불안을 털어놓는 사람이든 그 불안을 들어주는 사람이든, 그것이 '도와달라'는 신호임을 확실히 인식해야만 불안을 해소하는 첫걸음을 뗄 수 있습니다.

제2장

'현실적 불안'과 '신경증적 불안'

신경증적 불안에 시달리는 사람은
불안과 늘 함께한다

불안에는 '현실적 불안'과 '신경증적 불안', 두 종류가 있습니다. 이 두 가지를 혼동하면 각 불안에 대해 효과적으로 대처할 수 없습니다.

예를 들어, 코로나 바이러스 문제는 현실적 불안입니다. 코로나 바이러스에 감염되면 당장에 곤란한 일이 많이 생기기 때문에, 이것은 매우 뚜렷한 불안이라고 할 수 있습니다. '현재의 월급으로 대출을 이만큼이나 받아도 괜찮을까?' 하는 걱정도 현실적 불안입니다.

그런데 이러한 현실적 불안보다 더 심각한 문제가 신경증적 불안입니다. 신경증적 불안은 언뜻 보기에 아무것도 아닌 대상에 겁을 내고 두려워하는 불안입니다. 그러므로 일상생활에서는 신경증적 불안이 매우 커다란 문제인 셈입니다.

다음과 같은 실험이 있습니다. 유리벽을 사이에 두고 한쪽에는 사람이, 반대쪽에는 사자가 있습니다. 유리벽은 사자가 덮쳐와도 절대로 깨지지 않는 단단한 유리입니다. 하지만 막상 사자가 사람을 향해 달려들면, 이성적으로는 사자가 자신에게 해를 가할 수 없다는 사실을 알고 있으면서도 실제로는 대부분의 사람들이 비명을 지르며 도망쳐 버립니다.

이렇듯 인간은 현실을 두려워할 필요가 없다는 사실을 알면서도 두렵다는 불안을 떨치지 못하는 경우가 있습니다. 이러한 신경증적 불안은 자신에 대한 확신이 부족한 데서 생겨나는 불안입니다. 구체적인 문제가 없는데도 항상 불안에 떨고 있는 사람이 있습니다. 늘 사람을 믿지 못하고, 거절당할까 봐 연애도 시도해 보지 못하며, 자꾸 무언가를 고민합니다.

신경증적 불안을 안고 있는 사람은 항상 그처럼 불합리한 불안을 느낍니다. 언제까지고 끙끙 고민만 한다고 일이 해결되지 않는다는 사실을 본인도 잘 알고 있습니다. 그런데 머리로는 알고 있지만, 그 고민을 해소할 길이 없습니다.

즉 현실의 공포가 아니라 무언가를 공포스럽다고 느끼는 감정이 더 큰 문제입니다.

이해하지 못하면
대응할 수 없다

　현실적 불안과 신경증적 불안, 두 종류의 불안을 제대로 구
분해야 합니다.

　현실적 불안을 프로이트는 '객관적 불안'이라 불렀고, 롤로
메이는 '정상적 불안'이라고 말했습니다. 이는 정확하고 구체적
으로 대처함으로 해소해야 하는 불안입니다. 이런 불안에 대
해 지나치게 감정적으로 대처하는 것은 어리석은 일입니다.

　한편, 실질적으로 두려워할 필요가 없는 대상에 대해 두려
워하는 신경증적 불안은 마음 내면의 문제입니다. 현실적으로
무섭지 않은 것을 무섭다고 생각하는 이상한 성격이 되어 버
린 이유를 먼저 파헤쳐야 합니다.

　'이런 일로 겁을 먹으면 주변 사람들이 나를 겁쟁이라고 여

기지 않을까?' 하며 자기 혼자 멋대로 생각하고 구태여 과감한 행동을 무리하게 해 버리는 것은 신경증적 불안을 지닌 사람의 특징입니다. 거듭 말하지만, 현실적 불안과 신경증적 불안은 별개의 것이므로 이 둘을 확실히 구별해야만 대응 방법이 잘못되지 않습니다.

세상에는 죽을 때까지 불행을 떨쳐 버리지 못하는 사람이 있습니다. 설마 싶겠지만, 저는 불안에 빠져 있는 사람들을 반세기 이상 접하면서 평생토록 불행에서 벗어나지 못하는 사람이 꽤 존재하고 있음을 절실히 느꼈습니다.

왜 그럴까요?

사람이 가장 두려워하는 것은 불행이 아니라 불안이기 때문입니다.

사람이 가장 원하는 것은 행복이 아니라 안심이기 때문입니다.

행복해지기 위해 들이는 노력과 에너지는 사실 불안에서 벗어나기 위한 노력과 에너지일 뿐입니다.

사람은 누구나 행복해지기를 바랍니다. 그러나 행복해지고 싶은 욕망보다 더 강한 것이 바로 '불안에서 벗어나고 싶은 욕망'입니다. 불안한 사람은 열심히 사느라 불행해지는 경우가 있습니다.

돈으로 행복해질 수 없다는 것은 누구나 알고 있습니다. 권력으로 행복해질 수 없다는 것은 누구나 알고 있습니다. 명성으로 행복해질 수 없다는 것은 누구나 알고 있습니다. 그런데도 사람들은 그것들을 원합니다.

사람이 필요 이상의 큰돈을 원하는 이유는 돈이 있으면 안심할 수 있다고 생각하기 때문입니다. 그것은 곧 불안에서 벗어나기 위함입니다. 이와 같이 안심에 대한 욕망은 모든 것에 우선합니다.

도박 의존증인 남편이 있다고 해봅시다. 그 남편은 일도 안 하면서 아내가 아르바이트로 번 돈을 뜯어내고 처가의 친척에게까지 빚을 져서 또다시 도박하러 가버립니다. 그리고 집에 들어오면 아내에게 폭력을 행사합니다.

이런 상황에서는 누구나 헤어져야 한다고 생각할 것입니다. 이런 경우에 이혼 청구 소송을 하면 이혼을 인정하지 않을 판사는 없을 것입니다.

그런데 이런 상황에서도 이혼을 시도하지 않는 여성들이 있습니다. 도박 의존증 남편을 둔 아내를 조사해 본 연구 결과에 따르면, 일본이나 미국이나 꽤 많은 아내들이 남편을 어떻게든 도와주면서 변화시키겠다고 생각한다고 합니다.

사실 이것은 '어떻게든 도와주고 싶어서'가 아니라, 혼자가 되는 것이 불안해서 헤어지지 않는 것일 뿐입니다. 이것이 '합리화'라는 심리입니다. 불안에서 벗어나기 위해 헤어지지 않는 것인데도, '어떻게든 도와주고 싶어서' 헤어지지 않는다며 스스로 납득하려는 것입니다.

이혼한 후의 인생이 어떻게 될지 불안하기 때문에, 그보다는 지금의 익숙한 불행이 더 편하다는 생각입니다. 이러면 죽을 때까지 불행을 떨쳐 버리지 못하게 됩니다.

'사람이 가장 두려워하는 것은 불행이 아니라 불안'이라는 말은 이런 뜻입니다.

목숨 걸고
불행에 매달린다

사람이 그 무엇보다 원하는 것은 안심입니다. 안심은 살아가는 토대가 됩니다.

우리는 누구나 행복해지고 싶어 하고 늘 행복에 대해 이야기하지만, 실제로는 행복해지지 못하는 경우가 많습니다. 왜냐하면 사람은 불행과 불안 중에 선택하라고 한다면, 불안을 피하고 차라리 불행을 선택하기 때문입니다.

'자신이 가장 두려워하는 것은 불안이다.'라는 사실을 이해하지 않으면 자신의 불행을 정당화해 버립니다. 예를 들어, 이혼 소송 과정에서는 자신을 정당화하고 마치 자신이 배려심 있는 배우자였던 것처럼 '합리화'하려는 사람이 많습니다. 그처럼 스스로 오해하는 이유는 인간이 가장 원하는 것이 행복이 아니라 안심이라는 사실을 이해하지 못하기 때문입니다.

'안심을 추구하는 욕망은 모든 것에 우선한다'는 사실은 곧 '불안을 피하고 싶은 욕망은 모든 것에 우선한다'는 것과 같습니다. 따라서 '죽을 때까지 불행을 떨쳐 버리지 못하는' 어리석은 사람이 이 세상에는 엄연히 존재하는 것입니다. 목숨 걸고 불행에 매달리는 사람이 얼마든지 있다는 뜻입니다.

주변에서 보면 그것은 불행에 매달리는 행위처럼 보이지만, 심리적으로는 안심하고 싶은 욕망에 매달려 있는 상태라고 할 수 있습니다.

이렇듯 세상에는 노력에 노력을 거듭하면서 불행한 삶을 구태여 살아가는 사람이 정말로 존재합니다. 자업자득이라고 하면 그만이지만, 꼭 그렇게만 말할 수도 없는 노릇입니다. 그야말로 성실하게 일하고, 사회생활도 잘하고, 제대로 노력하고 있는 것처럼 보이는데도 불행해지는 사람이 있다는 것입니다.

어쩌면 그러한 노력이 불행의 씨앗이라고 말할 수 있을지도 모릅니다.

의존증 남편과 이혼하고 또다시 의존증 남성과 재혼하는 여성

앞에서 말했듯이, 도박 의존증 남편의 아내가 '내가 남편을 어떻게든 도와줘야 해.'라고 말하는 것은 전형적인 '합리화'일 뿐입니다. 남편과 헤어지면 지금의 생활이 달라지는 게 두렵기 때문에, '나는 남편을 인간답게 변화시키려고 노력하는 훌륭한 아내'라고 '합리화'해 버리는 것입니다.

그러므로 자신이 무엇에 가장 불안을 느끼는지 제대로 이해해두지 않으면, 앞서 말한 '합리화'나 뒤에서 설명할 '현실 부정'을 해 버립니다. 즉 불행한 상태인데도 '나는 불행하지 않다.'라고 우기는 것입니다.

도박 의존증 남편을 둔 아내와 비슷한 예인데, 이전에 행복에 관해 강연할 때 알코올 의존증 남편을 둔 아내에 대해 이야기한 적이 있습니다.

알코올 의존증인 남편과 이혼한 여성은 '이제 알코올 의존증에 걸린 사람은 싫다.'라고 말했습니다. 남편이 하루 종일 술만 마시고 폭력도 일삼으니 어쩔 수 없이 남편과 이혼했다고 합니다. 그리고 앞으로는 알코올 의존증인 남자와 평생 엮이지 않겠다고 호언장담했습니다.

그런데 알코올 의존증인 남편과 이혼한 여성들의 이후 행적을 조사해 보면, 놀랍게도 절반가량이 또다시 알코올 의존증인 남자와 재혼했습니다.

의식적으로는 알코올 의존증인 사람이 싫다고 말하지만, 그보다는 혼자 있는 불안이 훨씬 더 무서운 것입니다. 불안은 그 정도로 강력한 것이어서, 그 불안을 피할 수만 있다면 자신의 진짜 감정이 어떻든 아무 상관 없다고 생각해 버릴 정도입니다.

거듭 말하지만, 불안은 인간에게 그토록 강력하고 무시무시한 감정이라는 사실을 이해해야 합니다. 그토록 처절한 감정이 각자의 인생을 오랫동안 은근히 지배하고 있습니다.

오늘날에는 그 불안의 감정이 더욱 커지고 있습니다. 그래서 사람들은 진짜 감정을 속이기 시작했습니다.

진짜 감정을
모른 책하고 있다

무의식 속에는 자신의 진짜 감정이 숨어 있습니다. 진짜 감정은 자발적인 감정입니다. 외로우니까 어떤 사람을 좋아하게 되는 것이 아니라, 내면에서 우러나오는 자발적인 감정으로서 사람을 좋아하게 되는 것입니다. 사람을 싫어하는 것도 마찬가지로 자발적인 감정입니다.

애초에 사람에게는 이러한 자발적인 감정이 존재합니다. 그런데 이 진짜 감정을 스스로 깨닫지 못하는 경우가 있습니다.

진짜 감정은 스스로 의식하는 자신의 감정과 다릅니다. 우리는 '스스로 의식하는 나'가 곧 '진짜 나'라고 생각하고 있지만, 결코 그렇지 않습니다. '스스로 의식하는 나'는 사실 '진짜 감정을 속이고 있는 나'인 경우가 많습니다.

자신의 진짜 감정을 무효화하는 것 역시 불안입니다. 불안의 범위는 깊고 넓어서 우리의 진짜 감정을 점점 모른 척하게 됩니다. 그렇게 우리는 진짜 감정이 아닌 거짓 감정으로 살아가기 시작합니다.

또한 불안에 의해 자신의 진정한 감정, 소망, 생각이 지워져 버리면, 배려나 친밀감 등의 감정도 사라져 갑니다.

그렇게 자신을 잃은 채 사실이 아닌 감정으로 살다 보면 '남들의 시선'을 끊임없이 신경 쓰게 됩니다. 예를 들어, 남들에게 잘 보이기 위해 착한 척 행동하거나 남들의 미움을 받지 않기 위해 남들의 의견에만 묻어갑니다. 이는 남들에게 나쁜 인상을 주는 것을 두려워하는, 일상적인 불안입니다.

이렇게 거짓 감정으로 남들을 대하다 보면 오히려 남들과의 관계가 끊어지고 맙니다. 아무와도 이어져 있지 않다는 감정은 인간에게 견디기 힘든 공포입니다.

하고 싶은 일이 있는데 실패할까 봐 두려워하는 불안도 있습니다. 실패라는 체험 자체에 두려움을 느끼는 것이 아니라, 실패한 자신이 남들에게 어떻게 보일지 불안해지는 것입니다. 남들의 시선이 불안의 원점이라고 할 수 있습니다.

'남을 기쁘게 하려는 태도'는 심각한 열등감에서 비롯된다

　회사에서는 상사에게 미움받지 않으려고 건강을 해치면서까지 무리하게 일하는 경우가 있습니다. 그게 지나치면 '과로사'에 이르기도 합니다. 죽을 때까지 일할 바에야 차라리 회사를 그만두면 되지 않느냐는 조언을 하기도 하지만, 쉽사리 해결할 수 있는 문제는 아닙니다. 이것도 결국 상사나 동료에게 미움받고 싶지 않다는 불안이 배경에 있습니다. 주변 사람에게 무능한 사람이라고 여겨지고 자신의 가치를 부정당하는 것은 대단히 무서운 일이기 때문입니다.

　불안한 사람은 자아가 제대로 확립되어 있지 않습니다. 그래서 자신의 가치를 남들에게서 찾으려 합니다. 남들에게서 자신의 가치를 찾으려 하면 마음이 불안정해집니다. 자신의 정체성을 찾기 위해 남들의 승인이 필요하기 때문입니다. 이런 사람들은 남들에게서 인정받으면 안심하고 기뻐하며 만족합니다.

남을 기쁘게 하려는 태도는 심각한 열등감에서 비롯됩니다. 불안한 사람은 아무와도 마음이 이어져 있지 않습니다. 저절로 소외당하고 남들의 인정을 구합니다.

자신의 진정한 모습과 자발적인 감정을 잃어버린 결과, 남들에게 미움받고 싶지 않고 좋은 인상만 주고 싶다는 생각이 유행병처럼 퍼졌습니다.

스스로 자아를 확립하지 못하는 사람은 자아를 확인하기 위해 남을 기쁘게 하는 수밖에 없습니다. 그런 탓에 진정한 자신의 생각을 말하지 못하고, 상대방에게 사랑받기 위해 즐겁지 않은데도 '와아, 즐겁다!'라고 외칩니다.

한편으로 마음속으로는 자신이 어떤 행동을 하거나 어떤 말을 하면 상대방과의 관계가 끝장나 버리지 않을까 늘 겁먹고 있습니다. 설령 상대방이 자신을 버리지 않는다 해도, 버림받을지도 모른다는 불안에 떱니다.

그래서 이러한 불안으로부터 자신을 보호하기 위해 안간힘을 씁니다. 착한 사람으로 여겨지고 싶어서 사과하지만, 자신의 감정을 속이면서까지 사과할 때마다 상대방에 대한 증오가 쌓이게 됩니다.

분위기를 지나치게
파악하는 사람

'자신의 가치 평가를 남에게 의지할수록 자신을 경멸하는 일이 늘어난다'(나단 레이츠Nathan Leites, 『우울증과 마조히즘Depression and Masochism』).

정체성이 확립되지 않고 열등감이 심각하면 남을 기쁘게 하려는 태도가 생겨납니다. 불안은 지금의 생활방식이 어딘지 이상하다는 신호입니다. 그런데 이 신호를 무시하려는 사람이 많습니다.

만성적인 우울증에 시달렸던 미국 전 대통령 에이브러햄 링컨Abraham Lincoln은 '모든 사람의 마음에 들려고 하면 힘이 약해진다.'라고 말했습니다(앨런 맥기니스Alan McGinnis, 『최고의 인재 양성하기Bringing Out the Best in People』). 또한 그는 '대부분의 사람들은 자신이 행복해지려고 마음먹은 만큼 행복해질 수 있다.'라는 말도 남겼습니다(앨런 맥기니스Alan McGinnis, 『낙관주의의 힘The Power of Optimism』).

자신의 가치를 믿을 수 있다면 남의 마음에 별로 들지 않아도 상관없습니다. 불안한 사람은 상대방의 마음에 들려고 자기주장을 피합니다. 하지만 이는 자기주장과 자신의 욕망을 희생하는 것에 불과합니다.

'예로부터 노예, 죄인, 사회적 소외자들은 수동적인 침묵으로 위장하고 배후에 자신의 진짜 감정을 숨겼다. 그들은 자신의 원한을 매우 잘 감춰왔기 때문에 표면적으로는 자신들의 운명에 완전히 만족하고 있는 것처럼 보인다. 만족의 가면은 그들이 살아가는 수단이다(고던 올포트Gordon Allport, 『편견의 본질The Nature of Prejudice』).

자기주장을 피하는 사람은 살아남기 위해 오로지 상대방에게 영합하고, 상대방이 하라는 대로만 합니다. 오늘날에는 사회적 노예는 없지만, 지금도 심리적 노예는 많다고 할 수 있습니다.

자신의 가치를
스스로 믿지 못한다

'말 공포증'이라는 유명한 이야기가 있습니다.

왠지 말을 무서워하는 소년이 있었습니다. 이상하다고 생각해서 그 이유를 조사해 봤더니, 사실 그 소년은 아버지에 대한 두려움이 있었습니다. 소년이 아버지를 무서워한다는 사실을 들키면, 아버지도 소년을 좋게 생각해 주지 않을 것입니다. 그래서 그 소년은 아버지에 대한 공포와 심리적 갈등을 말 공포증으로 치환하고 있었던 것입니다.

여기에서는 아버지에게 잘 보이고 싶은 심리가 매우 중요합니다. 만약 그 소년이 '나는 아버지가 싫다'고 생각하고 있으면 어떻게 될까요? 아버지가 싫다는 감정은 아버지가 원하는 감정이 아닙니다. 그래서 소년은 아버지가 싫다는 감정을 자신의 인식에서 무의식적으로 몰아내고 무언가 다른 존재(이 경우에는 말)를 찾아내서 공포의 대상으로 치환한 것입니다.

이러한 공포의 치환은 특히 어린이에게서 자주 관찰할 수 있습니다. 어린이가 무언가 기묘한 것을 지나치게 무서워하는 경우에, 사실 그것은 다른 누군가를 무서워하는 것일지도 모릅니다. 그 누군가가 자신을 나쁘게 생각하면 자신의 존재에 위험을 초래하기 때문에 불안한 것입니다.

애인과 함께 있어도 항상 불안하다고 말하는 사람이 있습니다. 애인에게 잘 보이려고 어떤 일을 해 주었는데, 그 일을 애인이 과연 마음에 들어하는지 불안해지는 것입니다.

이는 앞서 언급했던 과로사와 마찬가지로 자신의 가치를 스스로 믿지 못하는 사람이 지니는 일상적 불안입니다.

거절하면
미움받을까 봐 겁난다

  남에게 좋게 보여서 안정감을 얻으려는 것은 자신의 인격을 의심받을 만한 행위입니다. 상대방에게 잘 보이려는 생각만 한다면 결과적으로 상대방이 싫어지기 마련입니다. 상대방에게 굽실거리기만 하는 사람은 자신의 마음을 닫고 있을 뿐 아니라, 상대방에 대해서도 마음을 열지 않는 것과 같습니다. 역시 스스로의 힘으로 자아를 확인할 필요가 있습니다.

  무슨 부탁이든 다 받아주고 자신의 능력을 넘어서는 일까지 떠맡는 사람이 있습니다. 오로지 열심히 하지만, 못하면 어쩌나 불안하고 점점 힘들어집니다. 그래서 남들의 높은 평가를 얻으려고 힘껏 노력하지만, 그 때문에 주변 사람들을 싫어하게 되는 경우가 많은 것입니다.

요컨대 인간관계를 둘러싼 좌절이나 의사소통의 문제는 스스로를 믿지 못하는 데서 비롯합니다. 그것이 바로 불안의 정체입니다.

왜 그렇게까지 불안해지는지에 대해 조금 더 생각을 해 보겠습니다.

열심히 노력해서 행복해진다면 좋겠지만, 앞에서도 말했듯이 현실 세상에는 그 때문에 불행해지는 사람들이 있습니다. 왜 열심히 노력하는데도 불행해지는 것일까요?

불안을 느끼지 않는 사람은 불안을 품고 있는 사람의 고민이 사소한 일로 여겨집니다. '바보처럼 힘든 일을 떠맡아서 고민하지 말고, 그냥 거절하면 되지.'라고 생각하는 것입니다. 그런데 정작 본인은 도저히 거절할 수 없습니다. 게다가 자신의 능력 이상의 일까지 떠맡아 버립니다.

왜냐하면 거절해서 미움받는 것이 두렵기 때문입니다. 그리고 무리하면서까지 상대방의 기대에 부응하려고 노력합니다. 자신의 능력을 넘어서는 일까지 떠맡아 버리는 사람은 그 일을 거절한다면 자신의 가치가 부정당할 것이라고 생각합니다. 그것이 무척이나 두렵기 때문에 거절할 수 없는 것입니다.

자신의 자아를 스스로 확인할 수 있는 사람, 남들의 시선에 신경 쓰지 않는 사람은 당연히 이러한 것들로 고민하지 않습니다. '왜 그런 걸 가지고 고민하지?'라며 이상하게 생각합니다.

 자아가 제대로 확립되어 있는 사람은 다른 사람의 부탁을 거절해서 미움받는다 하더라도 '상대방에게 미움받는다고 무슨 대수냐?'라며 흘려 넘길 수 있습니다. 남들에게 미움받거나 낮게 평가받는 것이 그 사람에게는 전혀 불안하지 않기 때문입니다.

 그런데 남들을 통해 자아를 확인하려는 사람은 낮게 평가받는 것을 두려워합니다. 그 불안은 매우 강렬하기 때문에 억지로라도 모든 부탁을 떠맡게 됩니다.

 그래서 사소한 일을 가지고 고민하는 사람에게 '왜 그런 하찮은 일을 가지고 고민하느냐, 그런 고민은 무의미해.'라고 아무리 논리적으로 설명해도, 정작 본인은 자신의 가치를 스스로 확인할 수 없기 때문에, 품고 있는 불안이 사라지지 않습니다.

혼자서는
살 수 없는 사람

불안은 지극히 강렬한 감정입니다. 불안이 미치는 범위와 심각성 역시 엄청납니다. 그래서 불안을 품고 있는 사람과 그렇지 않은 사람은 좀처럼 의사소통을 할 수 없습니다. 거듭 말했듯이, 불안하지 않은 사람이 보기에 불안한 사람의 고민은 이해할 수 없기 때문입니다.

과로사 소식이 전해질 때 세상의 의견은 둘로 갈리기 마련입니다. 한쪽은 '차라리 회사를 그만두지. 회사가 그곳만 있는 것도 아니고……'라고 말하고, 다른 한쪽은 '그 회사가 무조건 잘못했네.'라고 말합니다.

일부 여성은 도박 중독자, 알코올 중독자 혹은 일 중독자인 남편과 헤어지지 못합니다. 왜냐하면 혼자서 새로운 생활을 시작하는 것이 불안하기 때문입니다.

이처럼 불안한가, 그렇지 않은가에 따라 우리가 살아가는 방법과 언동은 크게 달라집니다.

최선을 다하느라
상대방을 속박한다

독일의 정신의학자 후베르투스 텔렌바흐Hubertus Tellenbach는 '멜랑콜리 친화형'에 대해 설명합니다. 이때 '멜랑콜리melancholy'는 '우울'이라는 뜻입니다.

텔렌바흐의 설명에 의하면, 이 멜랑콜리 친화형인 사람도 혼자서 살 수 없습니다. 상대방에게 모든 것을 맞춰 주려고 합니다. 예를 들어, 도박 중독자인 남성에게 멜랑콜리 친화형의 여성은 가장 좋은 먹잇감입니다. 다루기 편한 여성이기 때문에 말로는 '사랑한다'고 하지만 여성에게는 그 사랑이 전해지지 않습니다. 그렇게 결혼해 버리면 결국 정신과를 찾게 되는 사람은 여성입니다.

불안한 사람의 진짜 감정은 무효화됩니다. 스스로도 자신을 모르기 때문에 상대방도 알 수 없습니다. 왜냐하면 불안한 사람은 상대방을 쳐다보지도 않기 때문입니다.

그런데 반대로 도박 중독자인 남편은 '이 여자가 다루기 편하다'는 사실을 금방 알아챕니다. 자신의 말이라면 무엇이든 응해 주는 여자라고 곧바로 깨닫는 것입니다. 그렇게 살펴보고는 먹잇감을 단숨에 낚아챕니다. '간교함은 나약함에 민감한 법'입니다. 간교한 남성은 자발적인 감정으로 연애해서 결혼하는 것이 아닙니다.

반면에 멜랑콜리 친화형인 사람은 상대방을 성의껏 기쁘게 해 주려고 하는데, 그렇게 하는 이유는 혼자 살아가지 못하기 때문입니다. 혼자 살 수 없으니까 상대방에게 매달리는 것이지, 자발적인 감정에 따라 상대방을 좋아하니까 매달리는 것이라고는 할 수 없습니다.

게다가 멜랑콜리 친화형인 사람이 상대방에게 최선을 다한다는 것은 의식적인 수준에서의 이야기입니다. 사실 마음속으로는 상대방에게 최선을 다함으로써 오히려 상대방을 속박하려고 합니다. 혼자서 살아갈 수 없고 불안해서 견딜 수 없기 때문에, 상대방에게 최선을 다함으로써 무의식적으로 상대방을 속박하려는 것입니다.

제삼자의 눈으로는 '그런 형편없는 남자랑은 당장 헤어져라!'라고 함부로 말하지만, 인간의 마음은 그리 간단치 않습니다.

그러한 복잡한 인간의 마음을 잘 이해해 두어야만 인간관계를 원활히 이끌어갈 수 있습니다.

멜랑콜리 친화형의 사람은 상대방을 기쁘게 하려고 하지만 상대방을 생각해서 그러는 것이 아니라, 불안하기 때문에 상대방에게 매달리려는 것입니다. 그리고 그것을 위한 수단이 상대방에게 모든 정성을 쏟는 것입니다.

무의식의 영역에서 상대방에게 매달리는 것을 텔렌바흐는 '자기중심적인 상대방 배려'라고 말합니다(후베르투스 텔렌바흐Hubertus Tellenbach, 『우울Melancholie』).

상대방을 기쁘게 해 주려고는 하지만 그것은 상대방을 진심으로 생각하는 것이 아니며, 따라서 상대방이 자신에게 무엇을 기대하고 있는지에 대해 이해하는 것이 아닙니다.

불안 탓에 쉽게
감정적으로 변한다

불안한 사람은 상대방의 무심한 행동 하나하나에 동요하고 냉정을 잃고 감정적으로 변하는 경향이 있습니다. 그래서 사소한 일 때문에 갈등이 생겨납니다.

그 사소한 계기 자체가 문제가 아니라 심리적 기반이 원인입니다. 즉 불안 때문에 마음이 혼란해져 있는 것에 문제가 있습니다.

왜 저 사람은 겨우 그런 일로 그렇게까지 심하게 화를 내고, 울고, 소란을 피우는지 의아한 경우가 있습니다. 이때 문제는 그 일 자체가 아니라, 스스로 마음을 가눌 수 없게 만드는 그 사람의 불안입니다.

대담한 사람은 동요하지 않는다고 여겨지지만, 사실 모든 사람의 마음은 동요하고 있습니다. 단지 대담한 사람들은 마음 속에 믿음의 기준이 있습니다. 반면에 불안한 사람은 믿을 만한 게 없습니다. 그래서 아무래도 냉정함을 잃어버리고 감정적으로 치닫는 경향이 있는 것입니다.

인간에게 가장 무서운 것은 불안입니다. 그래서 거듭 말하지만, 불안과 불행 중에 선택하라면 인간은 불행을 선택합니다. 이는 지금의 환경을 지키려고 하기 때문입니다. 지금의 자신에 대한 집착은 한없는 늪에 빠지는 것과 같습니다. 불안을 없애고 싶다면 현재의 지위나 인간관계에 집착하지 않는 것이 중요합니다.

'억울하고, 원망스럽고, 용납할 수 없다…….' 그러한 생각을 버리는 것이 앞으로 나아가는 첫걸음이며, 그것이 곧 인생입니다. 하지만 그 점을 알면서도 도저히 용납할 수 없어서 고민에 빠집니다.

사소한 일을 고민하는 사람에게 왜 그런 일로 고민하느냐고 물어도 고민이 가시지 않는 것은 그 때문입니다. 고민의 원인이 사소한 계기 자체가 아니라, 불안하고 소진된 마음에 있습니다.

사소한 일로
배우자를 공격하는 사람

불안한 사람은 자신이 불안하다는 사실을 잘 이해하고, 인격의 재구성을 해 주어야 합니다. 불안할 때일수록 주변 사람이 자신에게 요구하는 가치가 아니라, 자신이 믿는 자신만의 가치로 가치관을 재구성해야 합니다.

이러한 인격의 재구성을 하지 않으면 아무리 노력해도 자아 가치의 붕괴는 면할 수 없습니다. 인격의 재구성 없이는 필사적으로 노력해 봐야 문제만 커지고, 고립되고, 소진되고 맙니다.

불안한 사람은 쓸데없는 노력으로 스스로를 소진합니다. 불안으로 완전히 소진하고 지쳐서 인생에서 기쁨을 느낄 수 없게 되어 버리는 것입니다.

어린이가 날마다 즐거워하는 이유는 에너지를 많이 가지고 있기 때문입니다. 불행히도 멜랑콜리 친화형인 사람이나 불안을 지닌 사람은 그런 에너지가 부족합니다.

중대한 문제가 아니라 사소한 일로 화내는 경우 인격의 문제가 심각하다고 할 수 있습니다. 예를 들어, 부부가 집을 구입하는 문제로 말다툼을 하고 있다고 합시다. 주택 구입은 큰돈이 들어가는 일생일대의 커다란 사건입니다. 그러므로 그 일에 관해 다양한 논의를 하는 것은 전혀 이상하지 않습니다. 하지만 아무래도 상관없는 사소한 일로 큰 싸움을 벌인다면 문제라고 할 수 있습니다. 그 사소한 일을 계기로 두 사람의 마음속 갈등이 표면화하기 때문입니다.

제가 맡고 있는 라디오 프로그램인 '전화 인생 상담'에서 자주 등장하는 고민 중 하나가 남편이 자신의 언동 하나하나에 민감하게 화낸다는 고민입니다. 게다가 일단 화를 내면 좀처럼 가라앉지 않는다고 합니다.

이 집을 살지, 저 집을 살지 하는 커다란 문제로 진지하게 언쟁하는 것과, 상대방의 언동 하나 때문에 화가 가라앉지 않는다는 것 중에서 문제가 심각한 쪽은 후자입니다. 사소한 일로 불같이 화내고 좀처럼 가라앉지 않는다는 것은 당하는 입장에서 보면 왜 그렇게까지 화내고 있는지 전혀 이해할 수 없습니다.

사실 이것은 공격성의 치환입니다. 진짜로 공격하고 싶은 대상, 증오하는 대상, 분노를 쏟고 싶은 대상은 어딘가 다른 곳에 존재합니다. 그런데 그 분노를 의식하는 것이 두렵기 때문에, 그것을 자신의 의식에서 몰아내고 상대방에게 그 공격성을 치환한 것입니다.

인간은 불안을 피하고 싶어 하기 때문에 늘 공격성의 치환을 합니다. '이 사람과의 관계가 나빠지면 안 돼.'라는 생각에 불안해지면 그 사람에 대한 분노는 전부 억누릅니다. 하지만 분노는 의식에서 사라졌을 뿐이지 무의식적으로는 남아 있기 때문에, 그 공격성의 대상이 다른 존재로 대체되는 것입니다.

그리고 그 공격성은 자신에게 안전한 대상을 향하게 됩니다. '이 사람이라면 내가 공격해도 불안해지지 않아.'라고 생각하는 대상에게 공격을 가하는 것입니다.

불안한 사람은 언뜻 사교성 있고 좋은 인상을 주는 사람으로 비칠 수 있습니다. 집 밖에서는 공격성을 지니는 것이 좋지 않기 때문입니다. 그래서 집에 들어와서 만만한 배우자에게 그 공격성을 돌리는 것입니다.

아내의 언동에 일일이 화내는 남편의 마음속에는 불안과 적의와 공격성이 대량으로 쌓여 있습니다. 지금까지 쌓아두었던 분노가 안전한 대상을 향해 전부 튀어나오는 것입니다.

공격성을 마음속에 쌓아두는 이유는 불안을 피하기 위해서입니다. 불안은 무서운 것이기 때문에, 불안을 피하고 싶거나 불안을 느낄 때 공격성은 모두 무의식 속에 담아 버립니다.

말하자면 남편은 아내와 잘 지낼 자신이 없는 것입니다. 남편은 아내와 진심으로 안정된 관계를 맺지 못합니다. 애초에 아내와 안정된 관계를 구축했다면 집 밖에서의 인간관계도 불안하지 않았을 것입니다.

즉 어느 곳에도 안정된 관계가 없기 때문에, 남편은 아내의 언동 하나하나에 불안하고 초조해지는 것입니다. 그래서 귀가해서 아내의 얼굴을 보기만 해도 짜증이 나고, 적의를 담아 아내를 공격하는 것입니다.

남편이 진정으로 원하는 것은 자신이 남들과 이어져 있다는 확신입니다. 아내의 언동에 일일이 화낸다는 것은 자신이 아무와도 이어져 있지 않다는 증거입니다.

남편은 불안하기 때문에 안심하고 싶어 하는 것입니다. 남편은 아내가 지금보다 더 자신에게 관심을 가져달라며 응석 부리고 있을 뿐입니다.

만약 아내가 정말로 이혼을 결심했다고 느낀다면 남편의 태도는 확 달라질 것입니다. 아내에게 화를 내는 것이 더 이상 안전하지 않다는 것을 깨닫게 되기 때문입니다.

금방 상개받고
화내는 사람

'임상적으로 흔히 관찰되는 현상이지만, 반항적인 의미에서 독립적이고 고립된 인간은 다른 사람들과 확실한 관계를 맺고 싶은 욕구와 욕망을 억압하고 있다'(롤로 메이Rollo May, 『불안의 의미The Meaning of Anxiety』).

사소한 일로 쉽게 화내는 사람은 누구와도 마음을 나눌 수 없습니다. 그래서 일단 화를 내면 언제까지고 화가 풀리지 않습니다.

라디오 프로그램 '전화 인생 상담'에 상담을 요청해 온 사람에게 '그런 사소한 일은 부부가 둘이서 이야기해서 해결하면 되는 것 아닙니까?'라고 말하면, '남편이 곧바로 화내니까 남편과는 대화할 수 없습니다.'라고 대답합니다. 금방 화내는 사람은 사실 상대방과 이어지고 싶다고 생각하고 있습니다. 사실은 '살려달라'고 외치고 있는 것입니다. 대화의 한 방법으로 화를 내는 거라고 할 수 있습니다. 남편은 사실 화를 내면서 아내와 이어지기를 바라고 있습니다.

무슨 일이 생기면 금방 상처받고 화내는 사람도 불안에 시달리는 사람입니다. 불안과 열등감과 적의가 깊이 연결되어서 그 사람의 인격을 형성하고 있습니다. 이런 인격을 지닌 사람 역시 매우 심각한 모순을 안고 있기 때문에 대화가 불가능합니다.

불안과 열등감과 적의가 결부되어 인격이 형성된 사람은 행동하면 해결할 수 있는 일인데도 행동하지 않습니다. 그래서 불안해지고, 얼굴이 까칠해질 정도로 소진됩니다. 그리고 적의를 담은 공격성을 아무렇게나 보이게 됩니다. 다른 사람이 어떻게 이런 사소한 일로 그렇게까지 화내나 싶을 만큼 심각할 정도의 적의를 보입니다.

그것은 그 사람의 심리적 토양이 불안하기 때문입니다. 그래서 대수롭지 않은 일에도 화를 잘 내는 것입니다.

'공격적 불안' 뒤에는 고민과 걱정이 숨어 있습니다. 거듭 말하지만, 무의식적인 마음속 깊은 곳에서는 '살려달라'고 외치고 있습니다.

자신의 마음을 이해하지 못하는 사람은 본인도 모르는 사이에 일상생활에서 상대방을 공격함으로써 분노를 해소하려 합니다.

마음의 병은 인간관계를 통해 나타납니다.

고민하고 한탄하는 사람은 마음을 나눌 친구가 없습니다. 마음의 버팀목이 없습니다. 불행해지는 방향으로만 노력합니다. 그것을 그만두면 행복해질 수 있습니다. 그러나 사람은 불행해지는 노력을 멈추지 않습니다. 그것은 곧 불행 의존증입니다. 불행해지는 노력을 그만두려고 해도 멈출 수가 없습니다. 그것은 알코올 중독자가 술을 끊기 힘든 것과 같은 이치입니다. 불행해지는 노력을 그만두어야 합니다. 그 용기를 가지면 행복해질 것입니다. '진정한 자신'과 마주하는 위험을 피하지 말아야 합니다. 그 용기를 가지면 행복해질 것입니다.

그런데 지금까지의 설명으로 불안이 얼마나 무서운 것인지 이해했을 것입니다. 우리는 행복해지고 싶다고 말합니다. 불행해지고 싶다고 생각하는 사람은 아무도 없습니다. 하지만 행복해지고 싶다는 마음보다 불안을 피하고 싶다는 마음이 훨씬 강합니다.

불안을 피하기 위해서라고 한다면 불행 따위는 아무것도 아닙니다. 그래서 죽을 때까지 불행을 떨쳐 버리지 못하는 사람도 꽤 많습니다. 죽어도 불행을 포기 못하겠다는 사람은 불안한 사람입니다.

그러므로 불안을 없애기 위해서는 우선 자신이 불안한지 확인하고, 그 다음에 자신과 관련된 사람들이 불안한지 생각해 보아야 합니다.

또한 불안에 빠졌을 경우에는 왜 불안한지 제대로 이해하는 것이 중요합니다. 그리고 인격을 재구성해야 합니다.

제3장

불안보다
불행이 좋다

집단 괴롭힘이 사라지지 않는 결정적 이유

불안을 쉽사리 가라앉힐 수 있는 방법은 없습니다. 그런데 우리 사회는 불안을 비롯한 인생의 여러 가지 고민을 쉽게 해결할 수 있다고 경쟁적으로 가르치고 있습니다.

하지만 우리 사회에서 쉽게 풀리지 않는 문제인 집단 괴롭힘, 등교 거부, 유아 학대, 가정폭력, 갑질 등은 쉽게 사라지지 않습니다. 또한 마음의 병도 엄연히 존재합니다. 이런 문제들은 수십 년, 수백 년이 지나도 사라지지 않을 것입니다.

그렇다면 왜 똑같은 일이 반복되는 것일까요? 그것은 지금까지 이야기한 불안의 심리가 얼마나 무서운 것인지 좀처럼 이해하지 못하기 때문입니다. 사실 이 점을 이해하지 못한다면 어떤 교육을 해도 모두 실패할 것입니다.

'집단 괴롭힘은 나쁜 일이다.'라고 우리는 줄곧 배웠습니다. 그럼에도 집단 괴롭힘은 사라지지 않았고, 지금도 여전히 계속되고 있습니다.

왜 사라지지 않을까요? '집단 괴롭힘은 좋지 않다'는 사실을 물론 다들 알고 있습니다. 그 사실을 모르는 학생이 절반 이상이라면 '집단 괴롭힘은 좋지 않다'고 교육하는 것이 효과적일 수 있습니다. 하지만 집단 괴롭힘의 가해자조차 집단 괴롭힘이 나쁜 짓이라는 사실쯤은 압니다. 그래서 선생님 몰래 친구를 괴롭히는 것입니다. 왜 친구를 괴롭히냐고 캐물으면 '들키지 않을 줄 알았다'는 말도 안 되는 변명만 늘어놓습니다. 이처럼 '집단 괴롭힘이 나쁘다'는 사실을 모두가 알고 있음에도 집단 괴롭힘은 사라지지 않습니다.

여기에서 하고 싶은 말은 집단 괴롭힘이 사라지지 않는 원인을 생각하지 않고, 그저 '나쁜 짓이다.'라고만 교육해서는 해결할 수 없다는 점입니다. 우리가 해야 할 일은 '왜 문제를 극복할 능력이 없는가?'를 숙고하는 것입니다.

불행해지는 선택을 부추기는 것이 소비·경쟁사회

앞에서도 말했듯이 지금 우리는 소비사회의 함정에 빠져 있습니다. 우선은 그 사실을 잘 이해해 두어야만 여러 가지 사회 문제를 해결할 수 있습니다.

소비사회는 있을 수 없는 안이한 해결책을 가르칩니다. 이렇게 하면 나르시시즘을 만족시킬 수 있다고 가르칩니다. 그 결과 사람을 신경증으로 몰아넣습니다. 성장 없이 살아갈 수 있는 사회가 존재한다고 가르칩니다. 인간이 살아가는 데 필요한 '마법 지팡이'가 존재한다고 주장하며 경쟁적으로 물건을 팔아먹는 소비사회, 경쟁사회에서 지금 사람들은 살아가고 있습니다. 그 환상의 마법 지팡이를 찾기 위해 사람들은 불행을 열심히 선택합니다. 그러다가 결국 인생이 막다른 골목에 몰립니다.

'불행한 사람 중에는 계속 불행하려고 고집 부리는 것처럼 자신을 불행하게 하는 사고방식, 생활방식, 느낌에 매달리는 사람이 많다(조지 와인버그George Weinberg, 「순종적인 짐승The Pliant Animal」).

행복해지고 싶냐고 물으면 누구나 행복해지고 싶다고 대답합니다. 하지만 행복해지기는 좀처럼 쉽지 않습니다. 우리는 오히려 죽기 살기로 불행에 매달립니다. 왜냐하면 '행복해지고 싶다'는 마음보다 '불안을 피하고 싶다'는 마음이 강하기 때문입니다. 그래서 결과적으로 불행해지는 길을 선택합니다. 그리고 그것을 부추기는 것이 소비사회, 경쟁사회입니다.

제2장에서 알코올 의존증 남편을 둔 여성에 대해 이야기한 바 있습니다. 다행히 알코올 중독자인 남편과 이혼했다고 하더라도, 꽤 많은 여성들이 행복해지지 못하고 또다시 알코올 중독자인 남성과 재혼했습니다.

의식적으로는 이제 더 이상 알코올 중독자와 엮이고 싶지 않다고 생각했을 것입니다. 하지만 무의식적으로 그런 여성이 원하는 남자가 그런 남자인 것입니다. 이러한 의식과 무의식의 괴리가 불안한 사람들이 지니는 인격의 특성입니다. 우리를 실제로 움직이는 것은 의식이 아니라 무의식입니다.

불행을 선택하고
남을 원망한다

알코올 의존증이 있는 남편과 사는 불행과, 헤어지고 혼자가 되는 불안 중에서 하나를 선택해야 할 때, 많은 여자들은 차라리 알코올 의존증인 남편과 살기를 선택했습니다.

오른쪽으로 가면 행복해지고 왼쪽으로 가면 불행해지는 갈림길에서 많은 사람들이 왼쪽으로 가고 맙니다. 이렇게 사람은 스스로 행복을 버리는 셈입니다.

왜 사람들은 날마다 고민할까요? 왜 사람들은 날마다 죽고 싶다고 말할까요?

그것은 불만의 감정보다 불안의 감정이 훨씬 강하기 때문입니다. 그래서 죽을 때까지 불행에서 벗어나지 못하는 삶이 될 수밖에 없습니다. 그것은 불안보다 불행이 심리적으로는 더 편하기 때문입니다. 불행해지는 노력만 합니다. 그것을 그만두면 행복해질 수 있습니다. 불행해지려는 노력을 그만두려고 해도 멈출 수가 없습니다. 그것은 알코올 중독자가 술을 끊을 수 없는 것과 같습니다.

모든 사람이 다 행복하기를 바랍니다. 그 마음에는 거짓이 없습니다. 그러나 행복해지고자 하는 욕망보다 불행해지는 매력이 훨씬 더 강렬합니다. 남에게 심술을 부리면 행복해질 수 없다는 것을 누구나 알고 있습니다. 남의 행복을 위해 일하면 기분이 좋고, 그것이 곧 자신의 행복이라는 사실도 잘 알고 있습니다. 하지만 왕따가 될까 봐 남을 괴롭히는 무리에 가담합니다.

또한 불행한 사람은 다른 사람의 행복을 바라기보다 질투하는 마음이 더 강합니다. 그래서 그런 사람은 남을 괴롭히면 행복해질 수 없다는 사실을 알면서도 그렇게 해 버립니다. 불행해지는 길을 스스로 선택하는 셈입니다. 그리고 실제로 불행해지면 또 남들을 원망합니다. 그렇게 스스로 불행에 매달리고, 그러면서도 행복해지고 싶다고 한탄합니다.

자신의 무의식 속에 있는 미움을 깨닫는 것이 행복해지는 출발점입니다. 그것을 인정하지 않으면 죽을 때까지 불행해집니다. 죽을 때까지 불행해지는 노력을 계속하게 될 것입니다.

불안한 사람은 결국
누구와도 마음을 나누지 못한다

불안의 원인 중 하나는 숨겨진 분노와 적의입니다. 이것은 그 사람이 무의식중에 지니고 있는 것이지, 의식적인 것은 아닙니다. 자신은 적의로 가득 찬 세상에 홀로 무력한 상태로 내던져져 있다고 느낍니다. 즉 사람을 믿지 못하는 것입니다. 이처럼 세상에 대한 무의식적 분노나 적의가 불안의 원인이지만 본인은 그 원인을 이해하지 못합니다.

아내의 언동 하나하나에 화를 내고 난폭해지는 남편의 무의식 속에는 분노와 적의가 존재합니다. 또 더 깊은 내면에는 상대방과 좋은 관계를 맺고 싶다는 욕망도 들어 있습니다. 앞에서도 말했듯이, 상대방과 마음이 단단히 이어져 있다는 안심을 느낀다면 사소한 일로 화내지 않습니다. 겉으로는 고함을 지르고 밥상을 뒤집어엎지만, 마음속 깊은 무의식적인 부분에서는 가족과의 안정된 관계를 바라고 있는 것입니다. 경제적 결합이나 단순한 혈연관계가 아닌, 진정으로 마음을 나눌 수 있는 안정적인 관계, 그리고 남들과 이어져 있다는 확신과 안심을 요구하는 것입니다.

그런데 상대방을 믿을 수 없고 불안해서 이상한 반응을 하고 맙니다. 겉으로 드러난 반응은 공격적이지만, 실제로 바라는 것은 '남들과 이어지고 싶다'는 인간적인 소망입니다. 남편은 마음속 깊은 곳에서 안심을 소망합니다. 불안하기 때문에 오히려 이토록 화내는 것입니다. 그 불안은 아내와 진심으로 이어져 있지 않기 때문에 생겨나는 것입니다.

무의식의 의식화

롤로 메이는 다음과 같이 말했습니다.

'임상적으로 흔히 관찰되는 현상이지만, 반항적인 의미에서 독립적이고 고립된 인간은 다른 사람들과 확실한 관계를 맺고 싶은 욕구와 욕망을 억압하고 있다'(롤로 메이Rollo May, 「불안의 의미The Meaning of Anxiety」).

중요한 것은 '욕구와 욕망을 억압하고 있다'는 부분입니다. 즉 본인은 다른 사람들과 확실한 관계를 맺고 싶은 욕구가 무의식중에 존재한다는 사실을 의식하지 못한다는 뜻입니다. 그래서 불안을 해결하는 방법 중 하나가 '무의식의 의식화'입니다.

'나는 사실 마음을 나눌 수 있는 확실한 관계를 맺고 싶다.'

라는 사실을 깨달아야 합니다. '나는 지금까지 그 사실을 모르고 있었다.'라는 사실을 깨달아야 합니다. '반항적인 의미로 독립적'이라는 말은 '아무에게도 피해를 주지 않기 위해 혼자 있는 것'을 뜻합니다. 이것은 독립도 자립도 아무것도 아닙니다. 진정한 독립이나 자립은 어디까지나 사람들의 관계 속에서 주체적인 존재로 살아간다는 의미입니다.

무슨 일만 생기면 금방 상처받고 화내는 사람은 불안에 시달립니다. 그런 사람은 스스로는 의식하지 못하는 부분에서 문제를 안고 있습니다. 그런 사람들은 자립하려고 열심히 수행을 거듭하고 마음을 단련하려고 해도 소용없습니다. 불안의 실태를 이해하고 그 원인을 제거하는 노력을 하지 않는 한, 조금도 달라질 수 없습니다.

무의식적인 적의

이는 알프레트 아들러Alfred W. Adler가 말하는 '공격적 불안'과 궤를 함께합니다. 불안은 외부로 도움을 청하는 신호이기도 합니다.

오늘날에는 무의미한 각종 정보가 넘쳐나고, 사람들은 시대에 내던져진 듯한 불안에 시달립니다. 고민하는 어른들은 어린아이처럼 공격성을 드러내면서 도움을 요청하고 있습니다.

'어떤 형태의 불안이 공격 감정의 토대를 이루고 있는 일은 흔히 발견된다(롤로 메이Rollo May, 『불안의 의미The Meaning of Anxiety』).

이를 달리 말하면, 화내는 사람은 대부분 불안에 시달리고 있다는 뜻입니다. 무슨 일이 생기면 금세 상처받는 사람들도 불안한 것입니다.

불안과 열등감과 적의는 깊게 결합되어 인격을 형성합니다. 즉 불안의 다양한 증상이 그 사람의 인격으로 표현됩니다. 아내의 언동 하나 때문에 그렇게까지 화내는 이유는 결국 그 남편이 그런 인격 – 즉 열등감이 강하고 무의식적으로 숨겨진 적의를 지닌 인격 – 이기 때문입니다.

이런 사람들은 자신의 마음속 깊은 곳에 숨겨진 적의를 깨닫는 것만으로도 세상이 놀랄 만큼 달라 보입니다. 사물을 인식하는 방법이 완전히 달라지고, 적의로 가득하다고 느껴졌던 주변 세상도 완전히 다른 세상이 됩니다. 본인에게 숨겨진 의식이 있어서 이렇게 다양한 것들을 느낄 수 있다는 사실을 깨달으면 세상에 대한 인식도 달라지는 셈입니다.

행동하지 않고
한탄만 계속한다

세상에 대한 인식이 달라진 상태로 행동하면 여러 문제를 해결할 수 있는 첫걸음이 됩니다. 그런데 불안에 시달리는 사람들은 먼저 행동하지 않고 늘 한탄만 합니다. 그 때문에 얼굴이 수척해지기도 합니다. 또한 적의를 숨기지 않고 타인에 대해 공격적으로 반응하기도 합니다. 입만 열면 남의 험담을 하는 사람이 있는데, 그 역시 불안하기 때문입니다. 그 불안에서 벗어나고 싶기 때문에 비판적인 말을 항상 하는 것입니다. 그러므로 불안하지 않은 사람이 보면 '이 사람은 왜 이런 사소한 일로 다른 사람을 욕하고 남을 비판할까?'라고 생각할 수도 있습니다.

무엇인가 조금이라도 행동하면 해결할 수 있는데도, 행동하지 않고 탄식만 늘어놓습니다. 불안한 사람은 무의식의 퇴행 욕구에 따라 움직이기 때문입니다. 그렇게 움직여야 쾌감을 느끼고 기분이 좋은 것입니다. **퇴행 욕구**는 아이가 엄마에게 떼쓰는 것 같은 자기중심적인 심리입니다.

인간은 퇴행 욕구와 거기에서 벗어나고자 하는 성장 욕구의 갈등 속에서 살아갑니다. 매슬로는 성장 욕구를 따르는 것이 위험과 부담을 수반한다고 했지만, 보통 사람들은 성장 욕구와 퇴행 욕구의 갈등 속에서도 어떻게든 성장 욕구를 바탕으로 살아가려고 합니다.

한편, 한탄하기만 하는 사람도 있습니다. 왜냐하면 한탄하는 것으로 본인의 퇴행 욕구가 충족되기 때문입니다. 이에 만족하면 한탄하기를 멈출 수 없습니다.

그리고 본인도 깨닫지 못하는 사이에 한탄함으로써 주변 사람들을 공격하고 있습니다.

한탄하는 사람에게
조언은 엄금

　한탄하는 사람에게 선의의 마음으로 구체적인 해결 방법을 제시하면, 상대방은 매우 기분 나쁜 표정을 지을 것입니다. 왜냐하면 고민하고 한탄하는 것이 무의식적인 퇴행 욕구를 충족시키기 때문입니다.

　카렌 호나이Karen Horney는 '고민하는 사람의 가장 큰 위안은 고민이다.'라고 말했습니다. 이는 고민함으로써 자신의 퇴행 욕구를 충족시키고 있다는 의미이며, 고민하고 있는 것 자체가 본인에게 가장 즐거운 일이라는 뜻입니다.

　우울증만큼 타인의 이해를 필요로 하는 질병은 없다고 합니다. 한편으로 우울증만큼 다른 사람이 이해하기 힘든 질병은 없다고도 합니다. 그래서 우울증은 좀처럼 낫지 않습니다. 우울증에 걸린 사람이 '죽고 싶다'고 말하는 것은 그로 인해 퇴행 욕구가 충족되기 때문이고, 고민하는 것이 가장 큰 위안이기 때문입니다. 우울증에 걸린 사람은 무언가 사소한 일로 금방 우울해집니다. 심리적으로 건강한 사람이 '왜 그런 사소한 일로 침울해하지? 그런 일로 침울해하면 하루 종일 침울해져 있어도 이상하지 않겠군.'이라고 말하면, 그 말을 듣고 더욱 침울해집니다.

심리적으로 건강한 사람이 그렇게 생각하는 것이야 당연합니다. 그런데 우울증에 걸린 사람은 우울증에 빠지는 것으로 자신의 퇴행 욕구를 충족시키고, 더 나아가 주변 사람들을 비난하려고 합니다.

'이렇게나 괴롭다'는 숨겨진 비난

이 부분이 중요한 포인트입니다. 이 점을 잘 이해할 수 없기 때문에 우울증은 이해하기 어렵다는 것입니다. '우울증만큼 이해가 필요한 질병도 없으면서 우울증만큼 이해되지 않는 질병도 없다'는 것이 그 이유입니다.

요컨대 우울증은 '나는 이렇게나 괴롭다.'라면서 주변 사람들에 대한 비난을 표현하는 수단입니다. 물론 이건 무의식적인 차원에서 이루어지는 비난입니다.

비난이 고통의 표현으로 모습을 바꾸는 이유는 다른 사람의 면전에서 비난할 수 없기 때문입니다. 그래서 어디까지나 고통이라는 형태로 숨겨진 비난을 드러내고 '괴롭다.'라는 말을 반복하는 것입니다.

사람은 의사소통 능력이 없으면 살아갈 수 없습니다. 영어를 못하거나 컴퓨터를 못하더라도 살아갈 수는 있지만, 의사소통 능력이 없으면 인간은 자신만의 세상에 틀어박히게 됩니다. 심리적인 토대와 근본적인 인격이 불안정하기 때문입니다.

공포에 떨 필요가 없는 일에도 겁을 냅니다. 신경 쓸 필요가 없는 사소한 일에도 신경이 쓰입니다. 이러한 심리를 모두 이해하려면 그들의 고민이 공격성의 또 다른 모습이라는 점을 이해해야 합니다. 요컨대 억압된 적의가 모습을 바꾸어 나타나는 것입니다. 이 점을 이해하지 않으면 세상에서 벌어지는 끔찍한 일들을 이해할 수 없습니다.

불안한 사람은 강한 편견을 가지고 있고, 그 편견의 이면에는 엄청난 적의가 존재하고 있습니다. '모두 나를 불공평하게 대하고 있어.', '저 녀석은 딱 봐도 형편없는 놈이야.'처럼 주변 사람들이 보기에는 상상을 넘어서는 편견입니다.

불안은
'삶의 방식을 바꾸라'는 신호

가급적 불안을 피하고 싶다고 생각하는 것이 인지상정이지만, 한편으로 불안이라는 것은 '지금의 생활방식이 왠지 이상하다'는 신호이기도 합니다.

무의식의 문제이기 때문에 스스로는 깨닫지 못하지만, 불안은 삶의 변조를 알리는 적신호입니다. 즉시 그것을 알아차리고 살펴보아야 합니다.

그런데 불안이라는 적신호로부터 도망치는 경우가 있습니다. 불안에는 편견이 따릅니다. 예를 들어, 남들의 직업은 훌륭해 보이는데 자신의 직업은 그렇지 않다는 엉뚱한 생각을 하는 사람들이 많습니다. 취업 준비를 할 때도 자신의 편견을 바탕으로 좋은 회사와 나쁜 회사를 가립니다.

불안은 자신답게 살지 못하는 사람이 쉽게 빠지는 심리 상태입니다. 즉 불안한 사람은 자신답지 않은 삶을 오랫동안 강요당하며 살아온 셈입니다.

부모 사이가 좋은 집에서 태어나 사랑을 듬뿍 받으며 자라는 사람도 있고, 학대를 받으며 자라는 사람도 있습니다. 꼭 특정 직업을 가져야 한다고 강요하는 권위주의적인 집안에서 자라는 사람도 있습니다. 그러면 부모의 말을 무조건 옳다고 생각하게 됩니다.

권위에 복종하는 어린이의 마음에 생겨난 모순은 좀처럼 해결되지 않습니다. 자녀들은 부모에게 복종함으로써 자신의 강인함과 통일성을 포기하는 대가를 치르게 됩니다. 그리고 그 스스로도 깨닫지 못한 채 어른이 되고 맙니다. 복종함으로써 의식적으로는 안심하지만, 무의식적으로는 권위에 대해 적의가 생겨납니다. 의식과 무의식의 괴리가 발생하면 마음은 항상 불안에 노출됩니다.

그렇기 때문에 앞에서 언급했듯이 스스로 자신의 가치관을 재검토하는 '인격의 재구성'이 중요합니다.

불안하다는 것은 적신호이기 때문에 불안을 느끼면 주의해야 합니다. '이게 뭘까?', '내가 뭘 잘못 알고 있는 거지?'라고 생각하는 것입니다.

그런 의미에서 불안은 자신의 삶의 방식을 바꾸라는 신호입

니다. 삶의 방식을 바꾸면 인생의 앞길이 한층 넓어집니다. 그
러므로 불안은 매우 훌륭한 기회이기도 합니다.

성공한 사람의
우울증

권위주의적인 가정에서 자라는 사람은 권위주의적 가치관을 주입받습니다. 권위주의적 사고방식에 물드는 것은 본인 잘못이 아닙니다. 태어날 때부터 그렇게 가르침을 받고 어렸을 때부터 쭉 그런 가치관을 학습하면서 성인이 되었기 때문입니다.

'Success in business, failure in relationship(사회생활에서는 성공했지만, 인간관계에서는 실패한 사람)' 이 말은 영어권에서 자주 사용하는 말입니다.

권위주의적인 집안에서 자라서 편견이 강한 사람이라도 사회생활에서는 성공할 수 있습니다. 익숙지 않고 적성에 안 맞는 일이라도 열심히 해서 성공을 거머쥐는 경우도 있습니다. 다만 그것은 본인에게 매우 괴로운 일입니다. 그래서 '성공한 사람의 우울증'이라는 말이 나온 것입니다.

인간에게 중요한 삶의 방식은 사회적인 성공 말고도 얼마든지 있습니다. 수많은 삶의 방식 중에서 자신에게 가장 적합한 것을 선택하면 좋은데도, 우리는 종종 특정한 삶의 방식밖에 없는 것처럼 행동합니다.

막연한 불안

'아무래도 지금 하는 일이 적성에 안 맞는다.', '왠지 모르게 불안하다.'라고 느끼는 사람은 본인이 의식하지 못하는 부분에서 문제를 안고 있습니다.

마음속에 여러 불만을 쌓아둔 사람은 심리적으로 자립하지 못하고 막연한 불안을 품습니다. 하지만 자신의 능력으로 할 수 있는 일만 한다면 막연한 불안에 시달릴 일이 없습니다. 자기 능력의 한계를 넘어서면서까지 삶을 좌지우지하려고 하면 마음에 갈등이 생기고 오히려 자립을 방해합니다. 그리고 제대로 자립할 수 없어서 불안이 생겨납니다.

하지만 자기 능력의 한계를 인정하고, 남들과 협조하면서 어려움에 맞서고, 목표보다는 과정을 중시하며 살아간다면 어떻게든 끝까지 해낼 수 있습니다.

막연한 적의를 세상 사람들에게 품고 있는 사람이 있습니다. 어떤 사람들은 막연한 불만을 지니고 있습니다. 막연한 불안도 마찬가지입니다. 적의와 같은 감정을 억압하면서 막연한 불안에 시달리는 사람이 수행이라는 이름으로 자신을 단련해 봤자 성격만 뒤틀릴 뿐입니다. 그보다는 자신이 왜 불안해하는지 그 원인을 판별하는 것이 가장 좋습니다.

성실한 사람은 자신의 약점을 극복하겠다는 발상으로 수행에 힘쓰기 마련입니다. 그런데 수행도 중요하지만, 더 중요한 것은 자신의 능력을 사회에 공헌하려는 자세입니다. 자신을 단련한다는 생각은 자칫 잘못하면 오히려 도망치는 행위가 될 수도 있습니다. 중요한 것은 자신이 잘하는 일과 못하는 일을 판단하고 어려움에 대처하려는 자세입니다.

제4장

유사 성장과
숨겨진 적의

모범 학생의
범죄 사건

매슬로가 말하는 '유사 성장'의 의미를 생각해 보겠습니다.

성장은 기본적으로 좋은 일입니다. 그런데 유사 성장은 진정한 성장이 아니라 거짓 성장입니다. 충족되지 않은 욕구를 무시하면 유사 성장이 생겨납니다.

요컨대 아이에게는 다양한 욕구가 있습니다. 하지만 그런 욕구를 모두 억누르고 부모님 말씀만 잘 따르는 아이로 자랐다고 합시다. 그러면 자신의 욕구가 충족되지 않았는데도 마치 다 충족된 것처럼 느낍니다. 그렇게 자신을 속여가는 것입니다.

사회를 충격에 빠뜨리는 소년범죄가 발생했을 때, 언론에서는 '모범 학생이었다.'라는 식으로 보도하는 일이 있습니다. 살인 범죄를 저지른 범인을 모범 학생이라고 부를 수 있다는 것은 매우 놀랍습니다.

부모의 말을 잘 듣고, 선생님의 지시를 잘 따르고, 학교에 지각하지 않고 잘 다니면 일단은 모범 학생이라고 할 수 있습니다. 하지만 그렇게 하라는 대로 하는 학생은 유사 성장을 하고 있을 확률이 높습니다. 얼핏 성장하는 것처럼 보이지만 속으로는 전혀 성장하지 않았습니다.

매슬로는 이를 '지극히 위험한 토대 위에 서 있다.'라는 말로 표현하고 있습니다. 사회적으로는 잘 지내고 있는 것처럼 보이는 사람이 사실은 위험한 토대 위에 서 있는 경우가 많습니다. 유사 성장한 사람은 내면의 변화를 거부합니다. 그래서 당연히 시야가 좁습니다.

유사 성장의
끝에 있는 것

　유사 성장의 예로서 모범 학생의 범죄 이야기를 했는데, 중년층의 자살도 유사 성장의 관점에서 생각해 볼 수 있습니다.

　중년층은 인생에서 가장 현명한 시절이라고 할 수 있습니다. 나이가 들고 어느 정도 인생 경험을 쌓았기 때문입니다. 육체적으로 약간 쇠약해졌지만 사회 활동을 하는 데 별 문제는 없습니다. 그런데 사회적으로 책임 있게 행동하는 것처럼 보이는 중년층이 어려움을 극복하는 데 실패하면 갑자기 자살할 수 있습니다. 이는 유사 성장한 중년의 비극입니다.

　유사 성장을 한 사람은 남보다 뛰어난 자신을 보여 주기 위해서만 노력합니다. 이는 곧 불행해지기 위한 노력이라고 할 수 있습니다. 그래서 불행해지고 싶지 않으면 그런 노력을 그만두어야 합니다.

이 세상에는 불행해지기 위해 노력하는 사람이 많습니다. 남보다 우월해지기 위해 하기 싫은 일을 억지로 하려는 사람입니다. 이러한 사람은 경계심이 강해서 다른 사람과 마음을 나누기도 힘들어합니다.

미국 ABC 뉴스 프로그램에서는 마약으로 죽음에 이르는 아이들 중에 'best and brightest'가 많다고 보도했습니다. 'best and brightest'는 '가장 총명한 학생'이라는 뜻입니다. 겉으로는 가장 총명한 학생이라도 내면으로는 견디기 힘든 일을 겪고 있는 것입니다. 진짜 자신의 욕구는 전혀 충족되지 못한, 위험한 토대 위에 서 있는 상태입니다.

그들은 어릴 때부터 총명해지기 위한 교육을 받았고, 그것이 가장 좋다고 믿고 있습니다. 겉으로는 아주 총명해 보이지만 자신이 싫어하는 일을 억지로 할 뿐입니다. 그렇기 때문에 너무 괴로워서 마약에 손대게 되는 것입니다. 미국은 마약을 손에 넣기가 상대적으로 쉽기 때문에, 무심코 손댄 마약에 빠져 결국 죽음에 이르고 맙니다.

진정한 의미에서
인생에 적극적이지 못하다

유사 성장한 사람은 실존적인 욕구 불만 상태입니다. 사회적으로 보면 성장한 것처럼 보이지만, 실존 부분은 텅 비어 있습니다. '실존'은 살아 있는 의미, 삶의 보람, 생활의 의욕 같은 것을 가리킵니다. 먹고사는 문제인 '생존'과는 정반대에 위치하는 용어입니다.

유사 성장한 사람은 그러한 부분에 불만을 품고 있습니다. 비록 사회적으로는 성공했지만, 본능적인 충동을 막는 데 실패하고 소외감을 느낍니다. 겉으로는 훌륭하지만 진정한 의미에서 인생에 적극적이지 못합니다. 속으로는 심각한 열등감을 느끼면서도 겉으로는 삶에 실망하지 않는 것처럼 보입니다.

오스트리아의 정신과 의사 빅터 프랭클Viktor Frankl은 다음과 같이 말했습니다. '현대는 실존적 욕구 불만 – 많은 사람들이 인생의 의미를 의심하고 가치를 상실하고 있다 – 이 매우 광범위하게 펼쳐지고 있다.' '모든 노력에 목표도 목적도 없다는 이 체험을 실존적 욕구 불만이라고 한다'(빅터 프랭클 Viktor Frankl, 『테오리와 테라피더 뉴로젠Theorie und Therapie der Neurosen』).

미국의 심리학자 데이비드 시베리David Seabury는 '인간의 의무는 오직 하나, 내가 나일 것. 그 외에 다른 의무는 없다.'라고 말했습니다. 그런데 유사 성장한 사람은 인생의 진정한 의무에서 도망쳐서 사람들의 주목을 끌려고만 노력합니다.

자신답게 살아가는 것 외에 인생의 의무는 아무것도 없습니다. 유사 성장한 사람이 의무라고 생각하는 것은 사실 의무가 아닙니다. 시련에 맞설 용기가 부족할 뿐입니다. '소외감'이라는 것은 자신이 자신답지 않다는 감각입니다. 소외감을 느끼는 사람이 부모가 되면 자녀를 굉장히 권위주의적으로 대하게 됩니다. 그런 부모가 사랑이라고 믿는 것은 사실 집착일 뿐입니다. 집착을 사랑이라고 둘러대고 있을 뿐입니다.

진정한 자신과 마주할 위험에서 벗어나려 하면 존재감 상실, 실존적 욕구 불만, 초조함 등 이른바 불안 증상이 나타납니다. 진정한 의미에서 불행하기 때문에 남의 행복을 바라는 마음도 생기지 않습니다. '자신답게 사는 것'이 유일한 의무인 이유는 그러한 사람만이 진정으로 남의 행복을 바랄 수 있기 때문입니다. 그런데 자신답지 않은 삶을 살고 있는 사람, 소외감을 느끼는 사람은 남의 불행을 기뻐합니다. 예를 들어, 질투는 소외감을 느끼는 사람의 전형적인 심리입니다. 자신의 무의식 속에 존재하는 적의를 깨닫는 것은 진정한 행복의 출발점이 됩니다.

무의식으로 몰아넣어도 사라지지 않는 욕구

응석 부리기가 좋지 않은 일이라 생각하고 의식에서 배척할수록, 무의식적으로 더욱 남에게 응석 부리기 마련입니다. 자신의 의식에서는 배척되었다 한들, 무의식에서까지 사라지는 것은 아니기 때문입니다.

유사 성장한 사람의 마음속에서는 유아적 소망이 분리되어 무의식으로 내몰립니다. 무의식으로 내몰린 소망들이 그대로 사라져 준다면야 아무 문제 없이 인간은 살아가기가 훨씬 수월했을 것입니다.

하지만 무의식으로 몰아넣은 유아적 소망들은 사라지지 않고, 오히려 그 사람을 지배하기 시작합니다. 당사자의 인격에 통합되지 않은 채 의식과 무의식의 괴리가 생기는 것입니다.

그 사람이 심리적으로 얼마나 건강한지 알려면 이런 인격의 통합성을 살펴보면 됩니다. 의식과 무의식이 잘 통합되어 있는지, 아니면 따로 괴리되어 있는지 체크할 필요가 있습니다.

의식과 무의식이 괴리되어 있다면, 그 무의식 속에는 일상의 인격에서 분리된 중요한 욕망이 도사리고 있습니다. 그것을 의식으로 끌어내어 인격에 통합하지 않는다면 그 사람의 인격은 매우 불안정한 상태로 있게 됩니다. 인격이 극히 불안정해지면 불안에 휩싸여 사소한 일에도 화를 내고 침울해지고 늘 한탄만 쏟아냅니다. 그리고 행동을 일으키는 데 주저하게 됩니다.

불안에서 해방되려면, 인격과 분리된 욕망이 무의식적으로 마음속 깊은 곳에 자리 잡고 있다는 사실을 알아두어야 합니다. 가장 중요한 것은 무의식중에 존재하는 욕망을 의식화하고 인격과 통합해 나가는 것입니다.

불행을 받아들이는 게이 출발점

예를 들어, 전혀 다른 의견을 지닌 강력한 야당이 존재하는 정권을 상상해 보기 바랍니다. 그런 상태의 정권은 극히 불안정합니다. 인격도 이와 마찬가지입니다. 전혀 다른 인격이 마음속에 있다면 그 사람은 굉장히 불안정해질 수밖에 없습니다.

과장되게 웃어 본다든지, 호들갑스럽게 밝은 행동을 한다든지, 겁이 많으면서도 자못 용기 있는 척 행동한다든지, 억지로 착한 행동을 한다든지, 그런 부자연스러움을 느끼게 하는 사람이 있습니다. 착한 아이가 가정폭력을 일으키거나 범죄자로 변화하는 것은 이런 맥락입니다.

유사 성장을 해 버리는 이유를 아무리 분석해 봤자 소용없습니다. 아이가 올바르게 성장할 수 있는 화목한 가정에서 태어날 수도 있고, 아이의 올바른 성장에는 전혀 관심 없는 불행한 가정에서 태어날 수도 있습니다. 환경을 선택할 수는 없는 노릇입니다.

세상에 복수하기 위한 도구로 자식을 키우는 부모도 있습니다. 자신이 원하는 사회적 성공을 거두지 못했기 때문에 자식을 성공시켜서 세상에 복수하고 대리 만족하려는 부모는 자식의 적성을 전혀 고려하지 않습니다.

중요한 것은 어떤 가정에서 태어났든 자신의 운명을 온전히 받아들이고 앞길을 스스로 개척해야 하는 것입니다. 불행을 그대로 받아들여야 앞으로 해야 할 일이 보이는 법입니다.

'나는 이런 환경에서 태어났다.' '(나와 달리) 그 녀석은 그의 적성에 맞는 멋진 삶을 살 수 있도록 부모로부터 물심양면으로 넉넉한 지원을 받았다.' '나는 어려서부터 철저히 특정 가치관을 주입받고 살았다. 그것이 불행한 일일지는 모르지만 어쩔 수 없다.' '그래서 나는 그 불행을 그대로 받아들인다.' 이런 식으로 자신의 환경을 받아들이면, 이후에 자신이 취해야 할 행동이 무엇인지 뚜렷이 보이기 시작합니다.

불안의 원인이 되는
기본적 갈등

불안의 원인에 관해 카렌 호나이는 기본적 갈등basic conflict을 언급했습니다. 앞에서 말했듯이, 인간에게는 성장과 퇴행의 욕구가 모두 있습니다. 마음속에 존재하는 자립과 의존의 욕망이 내면적으로 갈등하고 있는 것입니다.

바꿔 말하면, 인간의 내면에는 천사와 악마가 공존하며 갈등을 일으키고 있습니다. 만약 천사만 있거나 악마만 있다면 인간은 이토록 고생하지 않았을 것입니다. 하지만 인간은 자기 안에 천사와 같은 부분과 악마와 같은 부분을 모두 지니고 말았습니다.

거듭 말하지만, 기본적으로 우리는 갈등을 품고 있습니다. 성장 욕구와 퇴행 욕구, 자립 욕구와 의존 욕구처럼 정반대의 욕구를 동시에 가지고 있는 것입니다. 이 문제를 쉽게 해결할 수 있다면 애초에 불안한 사람은 없었을 것입니다. 의식과 무의식의 괴리가 없고, 인격은 통합되어 있을 것입니다. 그런데 이것이 통합되어 있지 않은 상태가 '기본적 갈등'입니다. 에리히 프롬Erich Fromm은 심지어 이것을 '해결할 수 없는 갈등unsolvable conflict'이라고까지 했습니다. 당사자도 의식하지 못하는 숨겨진 적의입니다. 이것을 해결하지 않는 이상, 남들과 진심으로 맺어지기는 어렵습니다.

기본적 안심이 없는 사람에게 세상은 적이다

앞에서 '남편이 너무 화를 내서 대화할 수 없다'는 상담을 받았던 이야기를 한 바 있습니다. 그리고 남편이 아내의 언동에 일일이 화내는 이유는 불안 때문이라고도 설명했습니다. 이와 같은 불안도 기본적 갈등에서 비롯됩니다. 기본적 갈등을 해결하지 않으면 안정적으로 살아갈 수 없습니다. 부모가 자신의 자녀에게 특별한 기대를 할 때, 아이가 그 부모의 기대에 부응하려고 하면 이러한 갈등이 불거집니다.

시베리는 인간에게 유일한 의무가 자신답게 사는 것이라고 주장했습니다. 하지만 부모는 대체로 자녀에게 자녀 본연의 모습과는 다른 인간이 되기를 기대합니다. 자녀는 심지어 자신의 태도를 부모의 감정에 맞춰줘야 하기 때문에, 자녀로서는 주변 환경에 적대감을 품을 수밖에 없습니다.

인간은 본능대로 살면 되는 다른 동물과 달리 태생적으로 살아가기가 매우 힘듭니다. 동물은 주변의 도움 없이 새끼를 양육할 수 있습니다. 하지만 인간은 주변 환경의 도움을 받아야만 아이를 제대로 키울 수 있습니다. 게다가 아이마다 각자 독특한 개성과 적성이 있기 때문에 육아가 더욱 힘든 일이 되고 맙니다.

이렇게 아이의 적성에 따라 능력을 키워 주는 부모 밑에서 태어나는 사람도 있는 반면에, 그와 전혀 반대로 아이의 적성에 무관심한 부모 밑에서 태어나는 사람도 있습니다. 부모가 자녀에게 자녀 본연의 모습과 다른 인간이 되기를 기대하고, 자녀가 그런 부모의 기대에 부응하려 할 때, 그곳에서 불안이 생겨납니다. 부모의 감정에 자신을 맞추려다 보면, 앞서 말했듯이, 주변 세상을 적으로 돌리게 되고 사회에 적대감을 품게 됩니다.

있는 그대로의 자신이 부모에게 받아들여지고 있다는 기본적 안심을 품고 있는 사람도 있고, 그러지 못하는 사람도 있습니다. 기본적 안심이 있는 사람은 자신답게 살아가는 것을 진심으로 기뻐할 수 있습니다. 이른바 '모범 학생'이 되지 않아도 기본적 안심만 있다면, 인생의 역경에 당당히 맞설 수 있는 힘이 생깁니다.

그런데 기본적 안심이 없는 사람, 즉 있는 그대로의 자신이 부모에게 받아들여지지 못하는 사람은 남들의 눈치를 보게 됩니다. 자신답게 사는 것을 순수하게 기뻐하지 못하고 그것 때문에 갈등을 겪기 때문에 남들의 눈치를 보게 되는 것입니다. 또한 역경을 극복하는 능력을 스스로 기르지 못하고, 타인에 대한 복종과 의존으로 극복하려고 합니다.

어떤 문제를 고민하는 사람은 그 문제 자체가 고민이 아니라, 조금 더 기본적인 부분에서 자신의 존재가 의지하고 있는 세상 자체에 불안을 느끼는 것입니다. 사소한 일이나 아무래도 상관없는 일로 화내거나 낙담하는 이유는 그 일 자체가 아니라, 자신이 살아가는 세상에 불안을 품고 있기 때문입니다. 세상은 적이고, 자신은 그 적진 깊숙한 곳에 놓여 있다고 생각하는 것입니다.

오늘날의 사회는 예전에 비하면 사회적으로 풍족한 환경입니다. 그런데 어째서 이렇게나 은둔형 외톨이가 증가하고 있는 것일까요? 그것은 본인의 능력이 문제가 아닙니다. 일하는 능력쯤은 얼마든지 있습니다.

그런데도 일하지 않고 집 안에만 틀어박혀 있는 까닭은 인간관계를 맺는 방법을 배우지 못한 채 일하는 능력만을 높이려고 해왔기 때문입니다. 그것만으로는 사회에 적응해서 살아가기가 힘듭니다. 이것이 자신답게 살아갈 필요가 있는 이유입니다.

자신을 인정받으며 성장한 사람과 인정받지 못하고 성장한 사람

'신경증에 걸린 사람은 상대방에게 순종을 강요해서 상대방을 망친다.' 이것은 카렌 호나이가 한 말입니다. 아이에게 순종을 강요하는 부모의 모습을 정확히 꿰뚫는 문장입니다. 또한 이는 연인 관계나 부부 관계에도 해당합니다. 부부 관계에서 신경증이 있는 남편은 아내에게 순종을 강요합니다. 아내의 개성을 인정하지 않고 아내를 망치고 맙니다.

순종적인 아이는 자신이 살고 있는 세상을 위협적으로 느끼고 불안에 떱니다. 세상을 위협적으로 느끼면 자신을 지키기 위해 남들의 욕구를 민감하게 살피고 그에 부응하려고 합니다. 이것이 실수의 시작입니다.

위험한 세상으로부터 자신을 보호하려고 하는 이유는 진짜 자신을 인정받지 못하기 때문입니다. 진짜 자신을 인정받지 못하는 존재이니 주변 세상을 위협적으로 느끼는 것이 당연합니다. 현대에는 이렇게 남의 이목을 신경 쓰는 사람이 많아졌습니다.

'이러다가 실패하면 어떡하지?', '이런 말을 하면 사람들이 어떻게 생각할까?'와 같은 불안은 세상을 위협적으로 느끼기 때문에 생겨나는 것입니다. 있는 그대로의 자신을 인정받으며 성장한 사람과 인정받지 못하고 성장한 사람은 이 부분에서 차이가 납니다.

자신을 인정받고 자신답게 사는 것을 순수하게 기뻐할 수 있는 사람과, 자신을 인정받지 못하고 순종을 강요당해서 마음이 위축되어 세상을 위협적으로 보고 있는 사람은 서로를 이해하지 못하는 것이 당연합니다. 그래서 배움이 필요한 것입니다. 학력은 사람을 구원하지 못하지만, 배움은 사람을 구원합니다. 배움은 사람이 왜 이렇게 서로 다른지 설명할 수 있습니다. 대학교를 졸업하는 것보다 불안에 대해 배우는 것이 살아가는 데 더 도움이 됩니다.

불안과
올바로 마주하기

소렌 키에르케고르Sören Kierkegaard는 '불안은 자유의 가능성이다.', '불안을 올바르게 품는 방법을 배운 자는 최고의 지식을 배웠다고 할 수 있다.'라고 말했습니다(이시다 하루오, 『자기 불안의 구조』).

그런데 불안해질수록 그 불안에 몰두하는 이유는 불안을 제대로 배우지 못했기 때문입니다. 불안하면 현 상황에 더 매달리고, 종교나 운세에 의지하는 사람도 생겨납니다.

인간은 갈등을 가지고 태어납니다. 이에 관해 시베리는 이토록 마음을 괴롭히는 이유가 자신을 포기했기 때문이라고 말합니다. 새가 두더지로 살려고 하면 불안에 빠지는 법입니다. 마찬가지로 인간이 불안을 느끼는 이유는 자신다움을 포기하고 자신에게 무언가 부자연스러운 일을 하고 있기 때문입니다.

그러므로 왜 자신다움을 포기했는지 숙고해 본다면 키에르
케고르가 말하는 '최고의 지식'을 배울 수 있을 것입니다.

사회적 성장만으로는
불안이 사라지지 않는다

　지금까지의 이야기를 정리하면, 불안은 삶의 방식이 뭔가 잘 못되었다는 신호라고 할 수 있습니다. 그리고 유사 성장의 문제도 설명했습니다. 유사 성장은 성장 단계에서의 좌절입니다. 언뜻 사회적으로 잘 적응하고 있는 것 같지만 마음의 실존적인 부분에서는 욕구가 완전히 채워지지 않은 상태입니다. 자신을 주변의 타인과 비교할 것이 아니라, 자신의 능력, 관심, 목표 등을 파고들어 자신을 제대로 직시해야 합니다. 내 인생은 그 누구의 것도 아닌 바로 나 자신의 것이기 때문입니다.

　우리는 무심코 사회적 성장과 자신의 성장을 동일시하기 십상입니다. 하지만 사회적 성장과 자신답게 살아가는 것은 전혀 다른 이야기입니다. 우리는 항상 자신의 삶이 자신의 것이며,

남의 눈치를 보면서 결정할 일이 아님을 확인해야 합니다.

프롬은 '선천적으로 내향적인 사람은 수줍어하고 소극적이고 우유부단한 사람이 되거나, 아니면 매우 직감력이 뛰어난 시인, 심리학자, 의사가 될 것이다. 그러나 그 사람이 대담하고 무신경한 수완가가 될 현실적 가능성은 전혀 없다.'라고 말했습니다(에리히 프롬Erich Fromm, 『인간의 마음 : 선과 악을 위한 천재The Heart of Man : Its Genius for Good and Evil』).

욕구 불만이고 지배적인 부모 밑에서 자라면 선천적으로 내성적인 자식이라도 대담하고 무신경한 수완가가 억지로 될 수는 있습니다. 하지만 그러면 신경증, 의존증, 우울증, 불면증, 자율신경실조증 등 여러 가지 바람직하지 않은 마음의 질병을 안게 됩니다. 그런 사람은 항상 얼굴에 짜증이 가득하고 우울한 표정을 짓습니다. 자기실현을 못했다는 분노가 마음속 깊이 타오르고, 정체 모를 적의와 미움이 나날이 커집니다. 그리고 그러한 분노가 불안을 일으킵니다.

매슬로는 '사람은 자신의 본성을 거스르는 죄를 범하면 죄다 무의식중에 기억되어 자기 멸시를 불러일으킨다.'라고 말했습니다(에이브러햄 매슬로Abraham Harold Maslow, 『존재의 심리를 향하여Toward a Psychology of Being』).

매슬로가 말한 자기 멸시는 무의식에 기억됩니다. 스스로는

자신을 멸시한다고 생각하지 않습니다. 그러나 무의식적으로
는 본인에게 광범위한 심리적 영향을 끼칩니다.

진정한 자신을
알 수 없다

그러므로 자신답게 살아갈 때는 언뜻 괴로워 보여도 신경증적 불안이나 신경증적 공포가 엄습하는 일이 없습니다. 한편, 자신답게 살아가지 못하면 공중에 붕 떠 있는 듯한 불안을 느낍니다.

진정한 자신을 잃어버리면 자신의 한계를 파악할 수 없게 됩니다. 진정한 자신을 모르기 때문에 적절한 목표를 세울 수도 없습니다. 그저 허영심을 채우기 위해 무리하게 행동할 뿐 일이 잘 풀리지 않습니다. 진정한 자신을 느낄 수 없게 되면 불안해지고, 불안해지면 또다시 진정한 자신을 느낄 수 없게 됩니다. 악순환에 빠지고 마는 것입니다. 자신답게 살아가다 보면 역경에 부딪히고 한계를 깨닫게 됩니다. 그 한계를 받아들이면 어려움을 극복하는 능력이 키워집니다. 또한 자신에게 한계가 있다는 현실을 결코 비하하지 않습니다. 왜냐하면 자신에게 자부심을 품고 있기 때문입니다.

시베리는 '백조가 아름다운 소리로 울기를 기대하는 것은 잘못이다.'라고 말했습니다. 백조의 모습은 분명히 아름답습니다. 하지만 울음소리까지 아름답지는 않습니다. 백조에게 아름다운 울음소리를 기대하는 것 자체가 잘못입니다.

잘못된 기대에 부응하려고 노력하는 사람은 불안에 빠집니다. 부적절한 목표를 위해 노력하는 사람은 불안이 한층 강해집니다. 이래서는 인생의 역경을 극복하는 능력을 익힐 수 없습니다. 남들의 기대가 아니라 자신의 잠재적 능력에 주목하고 역경에 맞서 성장의 기회로 삼는 사람은 어려움이 닥쳐도 자신에게 실망하지 않고 적극적으로 어려움에 대처할 힘이 생깁니다.

제5장

불안과
분노의
깊은 관계

불안은
숨겨진 분노

현대는 가정폭력, 갑질, 진단 괴롭힘, 유아 학대 등 다양한 문제를 안고 있는 불안의 시대입니다. 지금까지 그러한 현대사회 문제의 배경이기도 한 강렬하고 광범위한 불안의 심리에 관해 이야기해 왔습니다. 또한 그 불안의 심리를 바탕으로 그 원인에 대해서도 설명했습니다.

불안은 다른 감정들을 무효화하기 때문에 심각한 문제입니다. 불안은 아들러의 말처럼 '공격적 불안'이기는 하지만, 전면에 드러나지 않고 교묘하게 숨겨져 있기도 합니다.

이미 말했듯이, 불안의 원인 중 하나는 숨겨진 분노입니다. 본인이 느끼고 있는 분노를 의식에서 무의식으로 몰아넣기 때문에 분노는 무의식 속에 숨어 버립니다. 하지만 무의식으로 분노를 몰아넣어서 그 감정을 의식하지 않게 되었다고 해서 그 감정이 아예 사라진 것은 아닙니다. 본인이 의식하고 있지는 않지만 무의식에 숨어 있는 분노는 그 사람의 말과 행동을 지배합니다. 불안은 숨겨진 분노이기 때문에 불안을 느끼는 사람은 인격에 모순을 포함하게 됩니다.

불안의 원인을 생각할 때는 불안과 분노가 매우 깊은 관계를 맺고 있다는 사실을 먼저 이해해야 합니다. 사실 불안한 사람은 자신답게 사는 것을 기뻐하지 않습니다. 불안한 사람은 남들의 기대에 부응하려는 자신을 연기하며 삽니다.

두더지는 매처럼 하늘을 날려고 하지 않고, 원숭이는 물고기처럼 헤엄치려고 하지 않습니다. 동물은 그런 어리석은 짓을 하지 않지만, 인간은 자신이 아닌 다른 사람을 연기하려고 합니다. 남의 눈을 의식하면서 남에게 보이기 위한 나, 내가 아닌 나를 연기하는 것도 불안의 원인 중 하나입니다.

맞설 힘을
잃어버린다

키에르케고르는 '불안을 올바르게 품는 방법을 배운 자는 최고의 지식을 배웠다고 할 수 있다.'라고 말했습니다. 불안이라는 강렬한 감정을 올바르게 통제할 수 있다는 것은 인간으로서 가장 현명한 삶의 방법입니다. 불안을 올바르게 배우는 것은 매우 중요한 의미가 있기 때문에 불안의 원인에 대해 계속 파헤쳐 보겠습니다.

애초에 사람은 왜 자신다움을 잃어버리는 것일까요? 거북이는 원래 느리게 걷는 동물이기 때문에 토끼와 속도를 겨룰 필요가 없습니다. 인간만이 남의 눈을 신경 쓰면서 사랑받고 싶어 하고, 칭찬받고 싶어 하고, 애정을 얻고 싶어 하고, 모두에게 받아들여지고 싶어 하면서 내가 아닌 나를 연기합니다. 그렇게 연기하는 삶이 지긋지긋해지면서 불안한 상태에 빠집니다.

이처럼 의식과 무의식이 괴리되어 있는 불안은 신체에 다양한 증상으로 나타나기도 합니다. 이를 '신체화 증상'이라고 하는데, 자신다움을 잃어버리면 편두통이나 과민성 대장 증후군 같은 증상이 생겨납니다.

별로 재미있지도 않은데 듣는 사람을 배려해서 재미있다고 거짓말할 때가 있습니다. 가족 여행을 갔을 때, 아이는 별로 즐겁지 않은데 부모를 실망시키고 싶지 않아서 즐겁다고 말해 주는 경우도 있습니다. 이렇게 필사적으로 자신에게 거짓말을 해야 할 때가 있습니다.

이는 비현실적이고 이상적인 자신을 무리하게 연기하고 있는 것입니다. 이는 실제의 자신보다 더 훌륭한 자신을 남에게 보이려는 노력이기 때문에, 비현실적이고 이상적인 자신을 연기할 수밖에 없습니다. 그래서 남들과 비교하며 더 나은 자신을 연기하려고 노력하지만, 그 노력에는 아무런 의미가 없습니다.

물론 그 노력이 자신의 잠재적 능력을 개발하는 데 도움이 된다면 의미가 있다고도 할 수 있습니다. 하지만 그 노력은 인생의 과제에 적극적으로 대처하기 위한 것이 아니기 때문에 능력을 개발하기는커녕 오히려 시련에 맞설 힘을 빼앗아 버립니다.

자신이 아닌 삶을
산다는 비극

본래 인격은 일정한 단계를 거쳐 성숙해 갑니다. 이에 대해 영국의 정신과 의사 볼비는 '인격이 일정한 단계를 거쳐 성숙해간다는 것은 이미 19세기에 결론이 난 논의다.'라고 말했습니다.

그러나 지금까지 여러 번 이야기한 것처럼, 그것이 가능한 환경에서 태어나는 사람도 있고, 그렇지 않은 사람도 있습니다. 화목한 부모 밑에서 사랑받고 성장해 올바로 자립하는 사람도 있고, 불량 부모 밑에서 학대받고 성장해 자신의 적성과 다른 삶을 사는 사람도 있는 것입니다.

미국의 정신과 의사 해리 스택 설리반Harry Stack Sullivan에 의하면, '불안은 유아가 대인관계의 세상에서 중요한 사람으로부터 인정받지 못할 것을 염려하는 상태일 때 탄생한다. 의식적 인식이 생기기 훨씬 전부터 유아는 모친에게서 인정받지 못할 때 강한 불안을 느낀다.', '자아의 형성은 승인받은 활동과 승인받지 못한 활동을 구별할 필요에서 생겨난다.'라고 합니다(롤로 메이 Rollo May, 『불안의 의미The Meaning of Anxiety』). 즉 설리반은 의식적 인식이 생기기도 전에 이미 불안을 느낀다고 말합니다.

남아 선호 사상이 있었던 예전에는 여자아이가 태어나면 주변 사람들과 부모까지 '남자아이였다면 좋았을 텐데.'라는 말을 꺼내기도 했습니다.

이와 관련해 어떤 여성의 사례를 살펴보겠습니다. 그 여성은 어렸을 때부터 주변에서 '남자아이였다면 좋았을 텐데.'라는 말을 하도 자주 듣다 보니, 남자아이처럼 행동하면 부모님이 좋아하신다는 이유로 인형 놀이 같은 여자아이들의 놀이를 하지 않고 나무 타기 같은 남자아이들의 놀이만 했습니다. 대학교도 남자답다는 이미지 때문에 토목공학과에 입학했고 대학원까지 진학했습니다. 요컨대 그 여성은 남자로서 살아가고자 한 것입니다. 그 결과 그 여성은 결국 대학원에 다니는 도중에 노이로제에 걸리고 말았습니다.

정상적인 환경에서는 인격이 일정한 단계를 거치면서 성숙해 갑니다. 하지만 문제는 그렇지 못한 환경에서 자라는 경우입니다.

노력할수록
세상이 적이 된다

　불안한 사람은 인격이 일정한 단계를 거치면서 성숙하는 것이 아니라, 어느 단계에서 장애가 일어나고 거기서 발달이 멈추어 버립니다.

　부모에게서 자립하는 것은 보편적 과제입니다. 프로이트는 '오이디푸스 콤플렉스는 인류 보편적인 과제다.'라고 말했습니다. 인격이 일정한 단계에서 장애가 일어나 성숙하지 않은 상태라는 것은 유아기의 오이디푸스 콤플렉스, 청년기의 정체성 확립 등의 과제를 전혀 해결하지 않은 채, 자신답지 않은 삶을 살면서 어른이 되어 버리는 것입니다.

　육체적으로는 점점 어른이 되지만 심리적으로는 어느 단계에서 성숙이 멈추어 있다면 정신 연령과 실제 연령의 격차가 벌어집니다. 심리적으로는 세 살, 다섯 살 혹은 그보다 더 어린 진짜 아기 같은 사람들도 있습니다.

이런 사람은 큰 불안을 안고 있습니다. 일정한 성장 단계를 거치지 않고 생활해 왔기 때문에 기본적 불안을 품고 있는 것입니다. 잠재적으로 적의를 느끼는 세상과 직면하고 불안에 떨고 있습니다.

'피책망상被責妄想'이란 '피해망상'이라는 말에서 따서 만든 말입니다. 피해망상이 피해를 입은 것도 아닌데 마치 피해를 입은 것처럼 느끼듯, 피책망상은 비난을 받은 것도 아닌데 마치 비난을 받은 것처럼 느끼는 망상입니다.

진짜 자신을 인정받지 못하기 때문에 '이거 못하겠니?'라는 단순한 물음에도 비난을 받았다고 생각합니다. 남들과 대화하다가 '이거 할걸 그랬네.'라는 말을 들으면 '내가 그것을 안 해서 잘못인가?'라는 식으로 일일이 자신을 비난하는 것처럼 여기게 됩니다.

피책망상인 사람은 노력할수록 더 비난받는다고 생각하고 세상을 적으로 돌려 버리기 때문에 점점 더 살기가 힘들어집니다. 이래서는 도저히 정상적인 발달을 할 수 없습니다.

귀가하면
사람이 변한다

우리는 공동체 안에서 성장해 나가지만 불안한 사람은 공동체 안에서 좌절을 느낍니다. 정상적인 발달이 이루어지지 않으며, 자신이 적진 한복판에 있다고 느끼는 것입니다. 적의로 둘러싸인 공간에서 자신의 안전을 지키려면 자신의 힘을 과시하는 수밖에 방법이 없습니다. 남보다 우월해져야 자신의 안전을 유지할 수 있으니 내면에 웅장한 자화상을 지니고 거기에 매달립니다.

이런 사람은 당연히 심리적으로 전혀 성장하지 않습니다. 그러면서도 육체적으로는 성장해서 40~50세가 되고, 회사에서도 나이에 걸맞게 출세하고 싶어 합니다. 그런데 집에 돌아가면 사람이 달라집니다. 밖에서는 어린 양처럼 얌전했던 사람이 집에서는 늑대처럼 사나워집니다. 정신적인 면에서 성숙하지 않았기 때문입니다.

우월함을 추구하려는 노력과 동료 의식을 키우려는 노력은 정반대의 성격을 지닙니다. 우월함을 추구할수록 마음속 깊은 곳에는 고독한 불안이 더해집니다. 그러므로 불안의 원인 중 첫째인 '숨겨진 적의'와 둘째인 '자신다움의 상실'은 전혀 별개가 아니라 본질적인 곳에서 이어져 있습니다.

악마가
되는 편이 낫다

　불안한 사람은 심리적으로 성장하지 않기 때문에 부모나 주변에 대한 의존심이 매우 강합니다. 게다가 주변에 과도한 적대심을 품는 경우도 많습니다.

　의존심이 강한 까닭에 '이렇게 해 줘.', '나를 이렇게 대해 줘.', '나를 이렇게 칭찬해 줘.'라는 식으로 상대방에게 다양한 요구를 합니다. 그런데 어른의 세상에서는 그런 유치한 소원이 이루어질 수가 없습니다. 그러면 아무래도 주변에 적의를 품을 수밖에 없습니다. 이런 사람은 좀처럼 대하기가 힘듭니다. 시베리는 '만약 자신답게 살 수 없다면 차라리 악마가 되는 편이 낫다.'라고 말했습니다. 불안한 사람은 악마보다 더한 짓을 할 수 있기 때문입니다.

가정폭력의 예를 들면, 아내에게 폭력을 휘두르는 남편은 자신이 나쁜 짓을 한다고 전혀 생각하지 않습니다. 심지어 본인은 열심히 사는데 아내가 모든 잘못을 저지른다는 생각까지 합니다. 이는 악마보다 더한 행위입니다.

자신답지 못한 삶을 사는 데서 오는 불안의 심리는 정말로 그 사람의 일생을 지배할 수 있을 뿐 아니라 주변 사람들까지 지옥에 떨어뜨립니다. 하지만 어느 시점에서 '나는 자신답게 사는 방법을 인정받지 못한 채 살아왔다'는 사실을 깨닫고 인격을 재구성한다면 문제를 해결할 수 있습니다. 그렇지 못하면 그 사람의 인생은 다양한 형태로 벽에 부딪힙니다. 반사회적인 행동을 일으키고, 가정이나 회사에서 남들을 괴롭히는 등의 여러 가지 형태로 문제를 일으킵니다.

과거에 사로잡힌
자신을 깨닫는다

　어린 시절에 주위 사람들에게 인정받지 못한 채 어른이 된 사람은 어렸을 때와 다른 환경에 있음을 먼저 이해하고 인격 재구성을 시작해야 합니다. 어린 시절과 전혀 다른 환경에서 살고 있는데도 어린 시절 그대로의 감정을 여전히 지니고 있다면, 그것은 마음이 과거에 놓여 있다는 뜻이기 때문입니다.

　이는 지금 일어난 일을 현재의 일로 보는 것이 아니라, 항상 과거의 비디오를 재생하듯이 과거를 또다시 체험하는 것과 같습니다. 어른이 되어 주변 사람들에게 잘 받아들여지고 있음에도 불구하고, 자신의 내면에서는 여전히 받아들여지지 않고 있다고 믿는 것입니다. 그 사실을 깨닫지 못하면 이러한 모순에 평생 지배당하고 맙니다.

기본적 안심이 없는 사람은 거부당하거나 고독해지는 것을 두려워하기 때문에 상대방의 눈치를 보는 것이 자신의 욕망을 충족하는 것보다 중요합니다. 외로워지지 않기 위해, 상대방에게 받아들여지기 위해, 토끼가 호랑이 흉내를 내고 있는 셈입니다. 마음이 과거에 사로잡혀 있다는 사실을 깨닫지 않는다면 평생 동안 불안의 감정을 고칠 수 없습니다.

적의와 불안의 결합은 견고하다

설리반은 '어머니는 유아의 신체적 욕구를 만족시키는 근본일 뿐 아니라, 심리적 안전의 원천이다.'라고 말했습니다. 예를 들어, 목욕할 때 어머니와 아이가 소통하면서 피부와 피부가 맞닿는 것은 아이의 육체적인 욕구뿐 아니라 심리적 욕구까지 충족시킵니다. 반면에 이런 교류가 없으면 아이는 신체적 욕구와 심리적 욕구를 충족하지 못하고, 그 때문에 불안을 느껴 인격의 모순이 생겨납니다.

유아 연구가로서 큰 공적을 남긴 볼비도 '사랑하는 인물을 향한 신체적 적대 충동이 존재한다면, 두려움은 현저히 증대한다.'라고 말했습니다.

어렸을 때부터 여러 가지 인간관계가 적의와 불안의 깊은 관계에 영향을 끼쳐 분리하기 어려울 만큼 단단히 결합합니다. 그러므로 누군가가 불안의 증상을 지니고 있다면, 그 사람은 성장 과정에서 여러 가지 문제를 겪었다고 생각할 수 있습니다.

연애에서도 마찬가지입니다. 예를 들어, 불안에 떠는 여성이 연애를 하면 남자친구가 바람을 피운다는 의심을 품게 됩니다. 성숙한 인격을 지닌 사람이 보면 이상한 이야기일 뿐이지만, 불안한 사람은 어렸을 때부터 주변에 믿을 만한 사람이 없었기 때문에 그런 감정을 품는 것이 결코 이상한 일이 아닙니다.

믿을 만한 사람이 없는 환경에서 자란 사람이 육체적으로 어른이 된다면 남들을 의심부터 하게 됩니다. 상대방이 자신을 버릴지도 모른다는 공포와 의심을 떨쳐 버릴 수 없는 것입니다.

연애뿐 아니라 일할 때도 마찬가지입니다. 지쳐 쓰러질 때까지 과도한 일을 하게 되는 이유는 '일을 많이 하지 않으면 해고될 수도 있다'고 의심하기 때문입니다. 어릴 때부터 그런 대우를 받아왔기 때문에 이것이 잘못된 생각이라고 스스로도 느끼지 못합니다.

남을 이김으로써
안심을 얻으려 한다

소비사회의 문화는 이러한 불안이나 적의와도 관련 있습니다.

중세의 르네상스 이후에는 문화 전체적으로 남보다 우월해지는 것, 남과 경쟁해서 이기는 것이 중요해졌습니다. 남들과 겨뤄서 이기는 것이 마치 자아실현인 것처럼 생각하게 되었습니다.

오늘날 소비사회 속에서 우리는 바로 그러한 문화 속에서 살고 있습니다. 그렇기 때문에 성숙한 인격을 지니지 못하면 남보다 우월해지는 것으로만 안심을 얻을 수 있다고 착각하는 사람이 나타납니다. 애초에 안심은 남들과의 접촉, 남들과의 관계 속에서만 얻을 수 있는 것이므로, 그것은 매우 불행한 오해입니다.

지금의 소비사회는 경쟁사회이기도 합니다. 어릴 적에 애정 넘치는 환경 속에서 살지 못한 사람은 타인을 이김으로써 안심을 얻으려다 보니 적의가 없는 장소를 찾기가 어려워집니다.

적의 외의
다른 불안은 없는가

'숨겨진 적의' 외에도 불안의 또 다른 원인이 있다는 주장도 물론 있습니다. 우선 인간이 유아기부터 가지고 있는 '버려지는 것에 대한 불안'을 살펴보겠습니다.

교류 분석의 대가 윌리엄 제임스William James는 아이가 최초로 느끼는 불안은 '버려지는 것에 대한 불안'이라고 말했습니다.

또 볼비는 이를 '분리 불안'이라는 말로 설명했습니다. 어렸을 때 어머니와 같은 애착 인물과의 관계를 잘 맺지 못한 것이 불안의 원인이라는 설명입니다.

프롬은 어머니와의 관계를 '1차적 유대감'이라고 말했습니다. 인간은 모체 안에 있을 때 완전히 보호받는 상태입니다. 마치 낙원에 있는 듯한 상태이지만, 그 낙원인 모체로부터 떨어져서 개인이 되면 불완전해지고 고독해집니다.

아이에게 '보호와 안전'에 대한 욕구는 무엇보다 중요하므로 부모의 적극적인 관심을 끌려고 합니다. 하지만 부모의 적극적인 관심을 얻지 못하면 어린 시절의 불안이 성인이 될 때까지 이어지는 사람도 적지 않습니다.

그러나 앞서 말했듯이, 행복해지기 위해서는 어린 시절의 불안을 언제까지고 질질 끌어서는 안 됩니다. 어릴 적에 느꼈던 주변에 대한 불신을 어른이 되어서도 재현하고 있다면 아무와도 신뢰 관계는 구축할 수 없습니다. 성인이라면 성인답게 믿을 만한 사람을 스스로 찾아나서야 합니다. 이것이 프롬이 말하는 '2차적 유대감'입니다. 이것이 없으면 사람은 불안해집니다.

제6장

불안에서
도망치는
'소극적 해결'

무엇을 하고 싶은지 모르는 사람이 소극적 해결을 선택한다

불안을 해소하는 방법으로는 '소극적 해결'과 '적극적 해결'
이 있습니다. 적극적 해결이 가능하다면 그보다 더 좋은 일은
없겠지만, 좀처럼 잘 되지는 않습니다. 그래서 많은 사람들이
적극적 해결보다는 소극적 해결을 선택합니다. 불안에 맞서서
극복하기보다는, 불안에서 도망치고 불안을 일시적으로 자신
의 의식에서 지우는 방법을 선택하는 것입니다. 그러면 불안한
생각에서 일시적으로 벗어날 수는 있겠지만, 이는 임시변통이
나 회피일 뿐 올바른 해결법이라고는 할 수 없습니다.

카렌 호나이는 불안의 소극적 해결에 네 가지 방법이 있다고
설명합니다.

1. 합리화하기rationalize it

2. 부정하기deny it

3. 불안한 장소로부터 도망치기escaping anxiety

4. 의존증narcotize it

이 네 가지 방법의 공통점은 자신이 무엇을 하고 싶은지 모른다는 것입니다.

소극적 해결을 선택한 사람도 처음에는 불안을 극복하려고 노력했을 것입니다. 하지만 노력의 방향이 잘못되었기 때문에 자신이 무엇을 하고 싶은지 모르게 되는 것입니다. 그 결과 불안으로부터 도망쳐 버립니다. 신경증적 불안의 원인은 그 사람의 무의식 속에 있는 적의입니다. 마음속에 있는 갈등이 원인이기 때문에 그것을 해결해야 합니다. 그러나 많은 사람들은 자신이 아닌 다른 대상에서 원인을 찾으려고 합니다. 예를 들어, 남들보다 우월해지는 것을 통해 불안을 해결하려고 하는 것입니다. 불안은 삶의 방식이 어딘지 잘못되었다는 신호입니다. 이 신호를 무시하는 것이 불안의 소극적 해결입니다.

위에 소개한 소극적 해결의 네 가지 방법에 관해 생각해 보겠습니다.

'나는 아이를 훈육하고 있는 거이다'

    소극적 해결 방법 중 첫 번째인 '합리화하기'의 예를 들면, 감정적으로 자기 아이를 때리거나 혹은 더 심한 경우에 학대까지 해놓고서 아이를 훈육한 행위라고 변명하는 것입니다. 표현되지 않는 증오가 애정과 정의라는 가면을 쓰고 등장하는 것입니다. 이런 일이 벌어지면 아이와의 관계를 다시 생각해 보고 자신의 인격을 건전하게 바꾸어갈 기회로 삼아야 합니다. 그런데 이를 두고 아이를 훈육한 것이라고 합리화해 버리면 문제의 핵심을 향해 갈 수가 없습니다.

    자신의 진짜 감정을 전혀 모르는 것이 신경증적 불안입니다. 어떤 일이 생겼을 때 그 사람의 과거가 어떤 감정을 일으킬지 결정합니다. 한편, 그 사실에 어떻게 대처할 것인지를 결정하는 것은 당사자의 인격 문제입니다.

부모와 자식 관계만이 아닙니다. 예를 들어, 수험생이 '공부하기 싫다'고 본심을 털어놓을 수 없는 경우가 있습니다. 그렇게 말할 수 있다면 자신의 인격에 무언가 좋지 않은 상태가 일어나고 있다는 경고로 받아들이고 건설적으로 문제를 처리할 수 있습니다.

하지만 '공부하기 싫다'고 담백하게 말하는 대신에 '왜 사는지도 모르는데 공부 같은 걸 해봤자 소용없지.', '공부는 시시해.'라는 식으로 공부 안 하는 것에 대한 합리화를 해 버리면 문제를 제대로 처리할 수가 없습니다. '공부하기 싫다'는 감정을 솔직히 인정하지 못한다면 자신의 진정한 문제를 인식할 수 없습니다.

실패가 싫을 뿐

실패를 대하는 태도도 마찬가지입니다.

일반적으로 우리는 '실패를 통해 배울 수 있다'고 여깁니다. 실패의 경험을 적극적으로 활용한다면 앞으로 나아가는 좋은 방법을 발견할 수 있습니다.

그런데 실패를 합리화하는 핑계로만 '실패를 통해 배울 수 있다'는 말을 사용한다면 인간은 발전할 수 없습니다. '실패는 좋은 것이다.'라고 말하면서도 무엇이 어떻게 좋은지도 모른 채, 실패로부터 도망치기만 합니다.

'실패가 싫어서 견딜 수 없다.', '실패할지도 몰라서 불안하다.' 라는 기분을 정면으로 응시하고 그곳에서 실수 없는 삶의 방식을 지향한다면 진정한 출구를 찾아낼 수 있습니다.

그런데 실패를 합리화하는 사람은 '실패는 좋은 것이다.'라는 해석 뒤로 도망쳐 버립니다. 실패가 좋은 것이라고 해서 실패를 그대로 두어도 좋다는 의미는 아닙니다. 실패로부터 도망치지 않을 때에만 실패는 좋은 경험이 되는 것입니다.

새로운 일을 시작하고 싶은데 겁이 많아 시작도 못하는 경우에, 가족에게 위험과 부담을 지게 하고 싶지 않다는 핑계를 댑니다. 본인이 무섭고 불안해서 이혼하지 않는 것인데도, 자식 때문에 이혼을 안 한다고 합리화합니다.

자녀 교육을 어떻게 해야 할지 몰라 방치하는데도, 아이를 자유롭게 키우고 있다고 합리화합니다. 자녀 교육을 어떻게 해야 할지 모르겠다면, 먼저 그 사실부터 인정해야 합니다. 부모로서의 역할을 하지 못하고 있다는 사실을 깨닫고 극복해 나가면 됩니다. 그런데도 아이를 자유롭게 키운다고 합리화하며 아이를 방치하는 것은 의식적으로 문제를 차단하는 것과 같습니다. 아이가 방치되어 등교 거부까지 하게 되었을 때도 아이를 자유롭게 키운다는 표현이 가능할지 의심스럽습니다. 이것은 자녀와의 소통이 잘 안 되는 이유를 친구나 학교에서 찾으려는 것입니다. 등교 거부의 원인을 다른 사람에게 돌리려는 것입니다.

이처럼 합리화는 문제의 핵심에 들어가지 못하도록 막는 장벽입니다.

사람들은 불안할수록 현실에 매달리려고 합니다. 그러므로 현 상황과는 상관없는 이유를 외부에서 찾아와서 현실을 합리화해 버리는 것입니다.

자식에게 집착하는 것을 자식에 대한 사랑으로 합리화합니다. 마마보이가 된 자식을 효자라고 합리화합니다. 이는 서로에게 대가를 바라는 의존적 관계입니다. 의존적 관계를 애정 관계라고 착각하고 있는 셈입니다.

다른 곳에서 원인을 발견하고 눈을 돌린다

합리화에 대해서는 다음과 같은 예도 있습니다.

미국에서는 그동안 오랫동안 팔리지 않았던 캔 커피와 인스턴트 커피가 단번에 팔리기 시작한 적이 있었습니다. 이전에는 드립 커피보다 인스턴트 커피가 간단하고 편리하다는 점을 홍보했지만, 전혀 팔리지 않았습니다. 그래서 '커피를 끓이고 남는 시간은 가족을 위해 쓰세요.'라고 홍보하는 전략으로 바꿨습니다. 그랬더니 인스턴트 커피가 날개 돋친 듯 팔리기 시작했습니다.

이것도 일종의 합리화입니다. 사실 드립 커피는 끓이는 데 시간이 많이 들고 귀찮았지만, 귀찮아서 커피 끓이기 싫다고 대놓고 말하기는 어려웠습니다. 그래서 커피 회사는 '가족을 위해 시간을 쓸 수 있다'는 합리화로 소비자를 안심시켜서 인스턴트 커피를 선택하도록 만든 것입니다.

　합리화는 불안의 객관화입니다. 외부에서 불안의 씨앗을 억지로 찾아내기 때문에 진정한 자신의 마음을 바라볼 수 없습니다. 그래서 본질적인 해결책을 얻지 못합니다. 합리화를 계속하다 보면 자신의 내면이 약해집니다. 그리고 내면이 약해지면 더더욱 합리화로 도망치게 됩니다. 그렇게 합리화를 통해 마음의 갈등에서 도피하다 보면 점점 더 불안해지고 현실을 감당할 수 없게 됩니다.

　합리화할 때마다 무의식의 영역에서 일어나는 일은 내면의 단단함이 무너지는 것입니다. 합리화하는 사람은 무의식의 영역에서 큰 비용을 치르고 있는 셈입니다.

　합리화하면 당장에는 심리적으로 편안해집니다. 의식적인 수준에서는 아무 일도 없이 평탄하게 지나가지만, 장래에 그것이 꼭 바람직한 것만은 아닙니다.

합리화는
단순한 핑계

'딸 부부의 사이가 좋지 않아 장래가 걱정'이라는 상담을 진행한 적이 있습니다. 하지만 사실 딸 부부는 금실이 좋았습니다. 그저 상담을 요청한 그 사람이 딸 부부의 관심을 더 끌고 싶어 했을 뿐이었습니다.

그래서 '딸 부부 사이의 일에는 간섭하지 마세요.'라고 조언했더니, 그 사람은 '부모가 자식 걱정을 하는 게 나쁜 건가요?'라며 화를 냈습니다. 이것은 '나는 자식 걱정을 하고 있을 뿐'이라는 합리화입니다. 합리화는 곧 불안의 객관화입니다. 외부에서 불안의 씨앗을 찾아내지 못하면 스스로 만들어내기도 합니다.

자신의 처지를 두고 '나는 힘들다.'라고 합리화하는 사람도

있습니다. '나는 이렇게 고통스러우니까 모든 것이 용서된다.'
라는 핑계입니다.

합리화는 내면의 연약함과 비례합니다. 내면적으로 나약할
수록 합리화가 많아지는 것입니다. 마음이 약할수록 이러쿵저
러쿵 핑계를 대어 합리화를 시도합니다. '그때 네가 그러지 않
았으면 이런 일이 벌어지지 않았을 것'이라고 우기면서 '나는
잘못한 게 없어.'라는 논리로 자신을 방어합니다.

공격하는 속마음

롤로 메이는 '사람은 불안을 피하기 위해 공격성에 의지한다.'라고 말했습니다. 이처럼 증오가 정의의 탈을 쓰고 등장하는 경우가 종종 있습니다. 예컨대 테러리스트들은 혁명가라고 사칭하며 폭력을 휘두르고 있을 뿐입니다.

앞서 말했듯이, 불안과 적의는 밀접하게 관련되어 있습니다. 불안에 몰려서 하는 행위는 사실 그 사람의 무의식적인 적의에서 비롯된 것입니다. 하지만 이것을 합리화함으로써 본인의 내면은 더욱 약해집니다. 즉 내면의 연약함과 합리화는 반복적인 비례 관계입니다. 합리화를 통해 모든 것이 자신의 생각대로 굴러가는 것처럼 여겨지지만, 사실 내면의 단단함은 자꾸만 무너지고 있습니다.

세상에서 일어나는 여러 가지 이상한 사건들에 대해 합리화가 아닐까 의심해 본다면 새로이 눈에 보이는 것들이 많습니다. 어쨌든 합리화가 내면을 약하게 만든다는 것이 핵심입니다. 요컨대 악마가 천사의 탈을 쓰고 등장하는 것이 합리화이고, 합리화는 인격 발달을 멈춥니다.

괴롭힘 의존증

다른 사람을 끈질기게 괴롭힌다는 것은 자신의 마음속에 격렬한 적의가 있다는 의미입니다. 괴롭힘이 강박성을 띠고 있는 셈입니다. 괴롭힘 의존증이라고도 할 만합니다. 괴롭히지 않으려고 해도 괴롭히지 않을 수 없는 것입니다. 괴롭히지 않으면 본인이 불안해지는 것입니다.

괴롭힘 의존증이 있는 사람의 무의식 속에서는 대량의 적의가 그 사람을 지배합니다. 괴롭힘 의존증인 사람은 자신의 무의식에 있는 대량의 적의를 의식화해서 해소하지 않는 한, 죽을 때까지 정의와 애정이라는 이름으로 상대방을 괴롭힙니다.

'상대방을 위해서'라면서 끈질기게 상대방에게 간섭하는 사람도 같은 심리입니다. '상대방을 위해서'였기에 상대방을 집요하게 책망합니다. 이를 살펴보면 '사람은 불안을 피하기 위해 공격성에 의지한다.'라는 롤로 메이의 지적은 훌륭하다고 할 수 있습니다.

질투심을 억압하는 것은 가족 내 괴롭힘의 시작이기도 합니다. 가족끼리 욕하고 따돌리지만 당사자는 괴롭히는 것이라고 의식하지 않습니다. 괴롭힘의 진짜 동기는 질투심이지만, 서로 그 사실을 눈치채지 못한 채 서로를 비난합니다. 하지만 괴롭힘의 대상인 가족의 일원이 유능하고 이익을 가져다준다면, 괴롭히면서도 그 사람이 떠나는 것을 허락하지 않습니다. 그래서 가족 내 괴롭힘의 피해자는 우울증 등 마음의 질병을 앓게 됩니다. 이를 두고 시베리는 '혈육에게 이용당하지 말라'고 경고합니다. 하지만 혈육이라는 가면을 쓴 질투와 괴롭힘은 자주 일어납니다.

자신의 결혼 실패를
인정하지 않는다

　불안의 소극적 해결법 중 두 번째는 '부정하기' 즉 현실 부정입니다.

　이것은 흔히 말하는 '신 포도' 이야기와 같습니다. 여우가 먹음직스러운 포도를 따 먹는 데 실패하자 '저 포도는 엄청 신 포도야. 안 먹길 잘했다.'라면서 사라졌다는 이솝 우화입니다. 그 포도가 달고 맛있다고 인정해 버리면 자신이 따 먹는 데 실패했다는 사실도 인정해야 합니다. 그래서 따 먹을 수 없다는 불안을 지우기 위해 그 불안 자체, 즉 현실을 부정해 버립니다. 그 때문에 분명히 맛있다는 사실을 알고 있는 그 포도를 '신 포도'라고 우기는 것입니다.

　'신 포도' 외에 '달콤한 레몬'이라는 말도 있습니다. '달콤한 레몬'은 '신 포도'와 정반대로 신 레몬을 달다고 우기는 것입니다.

예를 들어, 결혼을 잘못해서 결혼 생활이 불행하다고 합시다. 그때 고등학교 동창생이 행복한 결혼 생활을 하는 모습을 옆에서 지켜보면 속상합니다. 그래서 '나는 행복하다.'라고 우기면서 결코 자신의 결혼 실패를 인정하지 않습니다. 혹은 자신이 다니는 회사를 별로 좋아하지 않고 적성에도 안 맞는다고 생각하면서도 주변 사람들에게는 좋은 직업을 찾았다고 우기는 것도 마찬가지입니다. 레몬은 신데 '달다'고 거짓말하는 것입니다.

자신의 인생에 어떤 문제가 있는데도 아무 문제 없다고 우기는 현실 부정은 자신의 가치를 떨어뜨리지 않기 위한 방어적 태도입니다. 자아 가치의 붕괴로부터 자신을 보호하는 것이라고 할 수 있습니다. 이는 삶의 기쁨을 맛볼 수 있는 능력을 빼앗습니다. 왜냐하면 이 현실 부정을 하려면 막대한 에너지가 필요하기 때문입니다.

거식증에 걸린 자녀 때문에
상담하러 온 부모

　예를 들어, 거식증 자녀에 대해 상담하러 온 부모에게 '부부 사이는 어떻습니까?'라고 물으면, 많은 사람들이 '좋은 사이입니다.'라고 대답합니다. 하지만 알고 보면 부부 사이가 별로 좋지 않습니다. 그것이 원인이 되어 아이가 등교 거부를 하는 경우도 있습니다. 그런데도 줄곧 부부 사이가 양호하다고 우깁니다. 그런데 왜 아이가 거식증에 걸리고 등교 거부를 하고 있는지 물어보면, 도저히 그 이유를 알 수 없다고 대답합니다.

　이는 자녀의 문제가 부부 관계에서 비롯된다는 현실을 부정하는 것입니다. 현실을 직시하는 것보다 타인을 비난하는 것이 편하기 때문에 내면의 갈등을 바라보려 하지 않습니다. 하지만 주변만 비난하고 현실을 인정하지 않으면 불안해집니다. 현실이 견디기 힘들수록 현실을 부정하는 경향이 커집니다.

끔찍한 경우에는 학대로 아이 몸에 멍이 들었는데도 자신들이 좋은 부모라고 우깁니다. 입사 동기의 승진이 빨라서 질투가 나는데도 '나는 출세에 관심 없다'면서 짐짓 모른 체하는 것과 같은 심리적 현상입니다. 이런 식으로 나르시시즘을 채우듯이 현실을 바꾸어 인식하는 것은 사이비 종교를 보는 것 같습니다.

사이비 종교에서는 모두가 다 함께 현실을 부정해 주니까 구원을 받는 느낌이 듭니다. '까마귀는 희다.', '포도는 시다.'라고 현실을 부정해 주는 집단 나르시시즘에 잠길 수 있습니다.

영향은
몸으로 나타난다

절대 현실을 인정하지 않는 사람은 그 영향이 몸에 나타나는 '신체화 증상'을 겪는 경우가 많습니다. 떨림, 비정상적 발한, 빈뇨, 설사, 구토, 두통 등의 증상이 몸에 나타나는 것입니다. 현실을 아무리 부정해도 몸은 현실을 알아차린다는 뜻입니다.

그래도 신체의 불안이 마음의 불안보다 견디기 쉬우므로, 현실의 불안을 인정하지 않음으로써 마음의 갈등을 억제하려는 시도는 계속됩니다.

현실 부정을 하면 현실적인 불안이 어떻게 되느냐가 가장 큰 문제일 것입니다. 합리화를 반복하고 현실을 부정하다 보면 새로운 상황에 대처하는 능력이 떨어집니다. 생각하고 행동하는 것을 귀찮아하게 됩니다. 의사소통 능력이 떨어져서 남들과 친밀한 관계를 맺지 못합니다.

고집스럽다는 말을 듣는 사람이 있습니다. 나이가 들어서도 고집스러우면 곱게 나이 드는 데 실패했다고 할 수 있습니다. 현실을 부정하면서 살다보면 마지막에는 고독하고 완고한 노인이 되기 십상입니다.

그런데도 현실을 부정하는 이유는 자신의 가치를 지켜내려고 하기 때문입니다. 고집스러운 사람은 절대로 남에게 사과하려고 하지 않습니다. '미안합니다.'라고 말하면 문제가 해결되는데, 좀처럼 그 말을 하지 못합니다.

자신이 도망친다는 사실을
인정하지 않는다

현실 부정은, 약간 과장해서 말하면, 자신의 잘못을 인정하
느니 차라리 죽는 편이 낫다는 자세입니다.

사실 그렇게 말하며 죽은 사람들도 있습니다. 미국에는 '헤븐
스 게이트'라는 사이비 종교 집단이 있었습니다. 그들은 '더럽혀
진 세상에서 자기들만이 올바른 정신을 추구하고 있다'고 외치
며 집단 자살을 했습니다. 그것은 자신들의 가치를 갑옷처럼 단
단히 입고 현실을 부정하며 불안을 회피하려고 한 행위입니다.

그들은 인격에 문제를 안고 있었지만, 그것을 절대로 인정하
려고 하지 않았습니다. 그것을 인정하느니 차라리 죽는 편이
낫다며 자살을 선택했습니다. 그것이 신경증적 불안 회피의 결
말입니다. 불안 회피는 이처럼 큰 희생이 따릅니다.

'불안 회피는 일시적으로 달성할 수 있다. 그러나 이는 새로운 진실의 발견 가능성을 희생시키고, 새로운 학습의 배제 및 새로운 상황에 대한 적응 능력의 성장을 저지함으로써 달성된다(롤로 메이Rollo May, 『불안의 의미The Meaning of Anxiety』).

이것이 바로 독선주의입니다. 종교적 독선주의, 정치적 독선주의 등 여러 가지 독선주의가 있는데, 이처럼 극단적인 이데올로기를 신봉하는 것은 대체로 성장에 실패했기 때문입니다.

극단적 원리주의는 대체로 그렇습니다. 이슬람주의, 마르크스주의는 나쁘지 않지만, 이슬람 원리주의, 마르크스 원리주의라면 이야기가 달라집니다.

새로운 상황에 적응하지 못한 채 독선주의에 빠져서 현실을 끊임없이 부정합니다. 자기중심적인 소망을 자기중심적이라고 인정하지 않습니다. 멋대로 굴면서도 멋대로 굴지 않는다고 우깁니다. 무의식적으로 실망해서 더 큰 실망을 야기합니다. 영문 모를 말만 하며 눈앞의 일에서 도망칩니다. 현실로부터 도망치고 있는데도 자신이 도망치고 있다는 사실을 인정하지 않습니다.

'헤븐스 게이트'라는 사이비 종교에서는 불륜에 대해 '진실을 찾아 집을 떠나는 행위'라고 설교했다고 합니다. 불륜은 정욕에 눈이 멀어 가정을 깨는 행위인데, 그것을 절대로 인정하지 않은 것입니다.

성장의 기회를
잃어버린다

조지 웨인버그George Weinberg는 '유연성에 대한 최고의 도전은 억압이다.'라고 말했습니다(조지 웨인버그George Weinberg, 『순종적인 짐승The Pliant Animal』).

'머리가 굳는' 것은 오랜 세월에 걸친 생활 태도의 결과이며, 쉽게 고칠 수는 없습니다. 종교적 독선주의자든 정치적 독선주의자든 모두 마찬가지입니다. 보수와 혁신, 진보와 반동, 봉건과 근대, 체제와 반체제 등 양극단의 두 단어로만 가치를 판단하려 합니다. 모든 것을 양분법적으로 나누고 어느 쪽이 옳은지 논하는 흑백 논리를 내세웁니다.

이러한 사고방식의 문제점은 상황에 대한 적응 능력을 잃어버린다는 것입니다. 오늘날처럼 변화가 극심한 시대에 우리는 새로운 상황에 차례차례 적응해 나가야 하는데, 현실을 부정하면서 불안의 소극적 해결을 취하다 보면 그러한 능력을 상실하게 됩니다. 쓸데없이 현재의 가치에만 집착하며 그 외의 가치는 인정하지 않게 됩니다.

이는 사실 변화를 바라지만 변화를 바라는 그러한 속마음을 부정하는 것입니다. 현실을 부정하는 사람들은 사회 속에서 살아간다는 자세가 결여되어 있습니다.

육체적인 상처를 입으면 구급차가 병원으로 옮겨줍니다. 그런데 현실을 부정하는 사람들은 심리적인 상처가 큰데도 현실이라는 신호를 무시하고 차를 몰다가 사고를 내고 맙니다. 그렇게 좌절을 거듭해 갑니다.

'불안 회피의 부정적 방법에서 볼 수 있는 공통분모는 인식과 활동 영역을 축소한다는 것이다'(롤로 메이Rollo May, 『불안의 의미The Meaning of Anxiety』).

불안 회피를 위한 부정적 방법은 성장 기회를 박탈합니다. 현실 부정을 해서는 오히려 현실로부터 자신을 지켜낼 수 없습니다.

아무도 춤을 신청해 주지 않을까 봐 파티가 싫어진다

불안의 소극적 해결 방법 중 세 번째는 '불안한 장소로부터 도망치기'입니다. 이는 자신의 가치가 위협받는 상황에서 도망치는 것입니다. 현실 부정보다 더 강경한 자세라고 할 수 있습니다.

미국의 고등학교에서는 댄스파티가 자주 열립니다. 댄스파티에서 춤을 추려면 파트너가 필요한데, 아무도 춤 신청을 하지 않을까 봐 불안해하는 학생들이 많습니다. 그 때문에 댄스파티에 참가하기를 아예 거절하는 경우도 있습니다. '나는 원래 파티를 싫어해.'라면서 거절하는 것이 불안으로부터 도망치는 방법입니다. 춤 신청을 아무도 안 해줄지도 모른다는 불안으로부터 '도망치고 있다'는 사실을 스스로 인식할 수 있다면 좋겠지만, 그냥 '파티가 싫다'면서 진실을 덮는 것입니다.

정치에 관심이 많아서 정치가가 되고 싶었는데 결국 포기했다는 사람이 있습니다. 왜냐하면 정치인이 되려면 선거에 나서야 하는데, 낙선할까 봐 두렵고 불안했기 때문입니다.

불안으로부터 도망친다는 것은 이처럼 소극적인 해결책일 뿐입니다. 소극적 해결로도 불안은 가라앉지만, 내면의 힘은 점점 약해집니다.

멀리서 고리 던지기를
하는 사람

그런 의미에서 이 해법을 '퇴각 노이로제'라고 말하는 사람
도 있습니다. 'retrieve from the battle front'. 즉 삶의 싸움
터에서 도망쳐 버린다는 뜻입니다.

고리 던지기를 활용한 실험이 있습니다. 고리 던지기는 고리
를 던져서 막대에 걸리게 하는 놀이입니다. 보통은 바닥에 선
을 그어 놓고 그 선에 서서 고리를 던지지만, 실험에서는 선을
긋지 않고 놀게 했습니다. 그러자 누구나 막대에 넣을 수 있을
정도의 가까운 거리에서 고리를 던지는 사람도 있고, 막대에
넣을 가능성이 반반 정도인 거리에서 고리를 던지는 사람도 있
고, 절대로 넣지 못할 정도의 거리에서 고리를 던지는 사람도
있었습니다.

세 유형 중에 절대로 넣지 못할 정도의 거리에서 고리를 던지는 사람과, 누구나 막대에 넣을 수 있을 정도의 가까운 거리에서 고리를 던지는 사람은 불안으로부터 도피하려는 사람입니다. 성공할 확률이 100%이거나 0%라면 '스스로의 능력을 시험하는' 상황에서 분명히 도망치고 있다고 할 수 있기 때문입니다.

현실에 직면하는 것이 왠지 두렵다면 현실에서 도피하고 싶어집니다. 현실에서 도망치면 분명히 당장에는 불안이 사라지지만, 그것은 근본적인 해결책이 아닙니다. 불안의 소극적 해결은 내적인 힘을 잃어버린다는 문제가 뒤따릅니다. 게다가 그렇게 내면의 힘을 잃어버려도 본인은 그것을 깨닫지 못합니다.

오스트리아 출신 정신과 의사 베란 울프W. Beran Wolfe는 '고민은 어제 일이 아니다.'라는 명언을 남겼습니다. 어른이 되어서도 불안한 현실에서 도피하려는 사람은 어려서부터도 줄곧 불안에서 도망치는 해결 방법을 취했을 것입니다. 그러면서 내면을 계속 약화시키고 있었을 것이 틀림없습니다.

병에 걸리고 싶다는
바람

어렸을 때 학교에 가기 싫어서 떼쓰다가 부모님에게 혼난 경험이 있을 것입니다. 하지만 몸이 아프면 이야기가 달라집니다. 부모님은 학교에 전화를 걸어주고 결석해도 좋다고 말해줍니다. 즉 아프기만 하면 지금 처한 불안한 상황에서 쉽게 벗어날 수 있었습니다. 이것은 앞에서 말한 '신체화 증상'과도 관련되어 있습니다.

롤로 메이는 다음과 같이 말했습니다. '또한 더 흥미로운 것은 사람들이 표면적으로 기질적인 병에 걸렸을 때 불안이 사라지는 경향이 있다는 것이다'(롤로 메이Rollo May, 「불안의 의미The Meaning of Anxiety」).

자신의 힘이 시험대에 오른다는 것은 불안합니다. 하지만 병에 걸리면 그 시련을 당당히 피할 수 있습니다. 그래서 시련과 맞닥뜨리면 복통, 편두통, 과민성 대장 증후군 같은 신체화 증상이 자주 나타납니다.

'병원 쇼핑'이라는 말이 있습니다. 여러 병원을 돌아다니며 진료를 받는 행위를 가리킵니다. 이는 병을 치료하기 위해서가 아닙니다. 의사에게 병에 걸렸다는 말을 듣고 안심하기 위해서입니다. 아무 질병이 없는 건강한 사람도 꾀병을 부리고 의사가 그것을 인정해 주면 왠지 불안이 사라집니다. 이는 실제로 병에 걸리는 것보다 마음의 불안을 견디는 것이 더 괴롭다고 느끼기 때문입니다. 병에 걸리면 자신의 가치가 위협받는 일이 사라집니다. 그래서 '당신은 병에 걸렸습니다.'라는 말을 듣고 불안에서 벗어나려는 것입니다.

육체의 질병이
차라리 더 편하다

　자신의 실력을 시험받는 상황에서는 매우 불안해집니다. 그래서 여러 가지 구실을 마련해 그 상황을 피하거나 신체화 증상 같은 기질적인 반응을 보임으로써 심리적인 불안에서 벗어나려고 합니다. 증상은 다양합니다. 공통적인 것은 진짜 병이 아니지만 '증상이 있다'는 것입니다. 그 증상의 목적에 대해 롤로 메이는 다음과 같이 말합니다. '증상의 목적은 차단된 리비도로부터 생물체를 보호하는 것이 아니라, 오히려 불안 발생 상황으로부터 개체를 보호하기 위한 것이다'(롤로 메이Rollo May, 『불안의 의미The Meaning of Anxiety』).

　시험을 봐야 한다거나 회의에서 발표해야 하는 등 사람은 살아가면서 여러 가지 불안한 상황들을 마주하게 됩니다. 그럴 때 우리는 마음을 보호하기 위해 몸을 병들게 합니다. 이는 마음의 불안보다 신체의 질병이 심리적으로 더 편하기 때문입니다. 불안이 너무나 괴롭기에 그 불안에서 벗어나기 위해서라면 당장에 병에 걸려도 좋다는 심정입니다.

기질적으로 병에 걸리면, 의식적으로는 '이제 내 가치가 위협받을 일이 없다.'라는 안심을 얻을 수 있습니다. 육체적인 질병이 자신을 심리적으로 보호해 주는 셈입니다. 일을 할 수 없다는 불안에 대해 '나는 위가 약하기 때문에 일을 할 수 없다.'라는 구실을 붙임으로써 일시적으로 안심하는 것입니다.

'신체적인 질병이 심리적인 질병보다 사회적으로 훨씬 더 받아들여지기 쉽다는 배경도 있다. 현대의 심리적 스트레스가 종종 신체적인 증상으로 나타난다는 사실도 관련이 있다. 불안과 심리적 스트레스로 위궤양이 걸리는 사람도 있고, 암에 걸리는 사람도 있다. 스트레스 때문에 잠을 못 자서 몸 상태가 나빠지는 사람도 있고, 수면 부족으로 면역력이 떨어지는 사람도 있다. 만약 생물체가 잘 도망칠 수 있다면 질병이 공포를 유발하지 않는다. 만약 도망칠 수 없고 해결할 수 없는 갈등상태로 있으라고 강요당한다면, 두려움은 불안으로 변하고 신체적인 변화가 뒤따른다'(롤로 메이Rollo May, 『불안의 의미The Meaning of Anxiety』).

어린이의 심리적 질병을 고치는 데 능숙한 유치원 선생님이 있습니다. 그 선생님의 말에 따르면, 병치레가 잦은 아이의 가정은 대부분 화목하지 않다고 합니다. 아이가 가정에서 내면에 분노를 쌓아 두다 보니 병이 생긴다는 것입니다.

그런데 어렸을 때 '아프면 좋은 일이 생긴다'는 사실을 깨달아서 '학습된 질병learned illness'이 나타날 수도 있습니다. 아프다는 것을 무기로 삼아 현 상황에서 도망치려는 것입니다.

'병에 걸리는 것은 갈등상황을 해결하는 하나의 방법이다'(롤로 메이Rollo May, 『불안의 의미The Meaning of Anxiety』).

'신종 우울증'은
존재하지 않는다

'신종 우울증'이라는 말이 유행한 적이 있습니다. 일본 대표 공영방송인 NHK에서도 특집으로 다루는 등 언론에서도 큰 관심을 보였습니다. 신종 우울증은 평소에는 활발하지만, 무언가 하기 싫은 일을 할 때만 에너지가 사라지고 의욕이 떨어지는 증상입니다.

그러나 사실 의학적으로 신종 우울증이라는 질병은 딱히 없습니다. 그건 어느 정신과 의사가 개인적으로 만들어낸 용어이며 실제로는 널리 받아들여지지는 않습니다.

신종 우울증이라고 불리는 병에 대해서는 미국의 의학자 에런 벡Aaron T. Beck의 『우울증Depression』이라는 책을 읽으면 알 수 있습니다. 『우울증Depression』에서는 신종 우울증을 '신종'이라고 부를 만한 증상을 모두 소개합니다.

신종 우울증에 걸리는 이유는 신종 우울증에 걸렸다고 말하면 회사를 쉴 수 있기 때문입니다. 왜 우울한지는 몰라도 그냥 회사를 쉴 수 있다는 핑계로 신종 우울증이 생겨났다고 말하는 것입니다.

롤로 메이는 다음과 같이 말했습니다. '현대 문화에서는 불안이나 정신적 스트레스가 매우 빈번히 신체적 형태로 나타난다는 것이 당연하다'(롤로 메이Rollo May, 『불안의 의미The Meaning of Anxiety』).

그러나 마음의 갈등을 해결하지 않는다면 약을 먹거나 의사의 진료를 받아도 몸 상태는 여전히 나아지지 않습니다.

마음의 문제는 육체의 문제와 달리 파악하기가 까다롭습니다. 예를 들어, 39도의 열이 나면 본인이나 주변 사람들이나 모두 병으로 판단합니다. 설마 고열이 나는데 운동을 하려는 사람은 없을 것입니다. 그런데 마음의 병은 보이지 않기 때문에 본인이 병에 걸렸다고 고백하지 않는 한 주변 사람들은 알 수 없습니다. 신종 우울증은 현대 문화를 이해하는 데 매우 중요한 용어입니다. 왜냐하면 심리적인 문제가 신체적인 문제로 나타난다는 사실을 널리 알렸기 때문입니다.

마음은 어린아이 그대로인 '퇴각 노이로제'

거듭 말하지만, 불안의 원인은 무의식의 적의와 자신다움의 상실입니다. 그런데 분노나 적의가 무의식에서 나와 직접적으로 표현된다면 질병으로 이어지지 않습니다.

'분노는 투쟁 혹은 다른 직접적 형태로 표현된다면 질병을 일으키지 않는다'(롤로 메이|Rollo May, 『불안의 의미|The Meaning of Anxiety』).

하지만 분노를 직접 표현하지 못하는 경우에는 그것이 신체 증상으로 나타납니다. 따라서 불안을 안고 있는 사람은 아무래도 몸 상태가 나빠지기 마련입니다. 그것이 바로 '퇴각 노이로제'입니다. 육체적으로는 어른이지만, 마음은 어린아이 그대로인 것입니다.

이런 병에서는 '분노의 자각'이 있느냐 없느냐가 매우 중요합니다. 신체 질환의 경우에 자각이 있지만, 마음의 질병인 경우에는 자각이 없습니다. 이것이 중요한 이유는 소극적 해결로 끝나느냐, 적극적 해결로 나아가느냐 하는 갈림길이 되기 때문입니다. 소극적 해결에는 분노의 자각이나 의식이 없습니다. 아이에게 폭력을 휘두르면서 '훈육'이라고 말하는 사람에게는 분노의 의식이 없습니다.

이처럼 인간의 무의식이 얼마나 무서우며, 어떻게 현실의 우리를 움직이고 있는지 이해하는 것이 중요합니다.

불안에서 의존증으로 도망치는 경우가 많다

불안의 소극적 해결 방법 중 네 번째는 '의존증'입니다. 가장 대표적인 것이 알코올 의존증입니다.

알코올 의존증인 사람도 본인이 좋아서 알코올에 의존하는 것이 아닙니다. 회사나 집에서 이런저런 불미스러운 일이 생기다 보니 '술이나 마셔서 잊어버려야겠다'는 생각에 진탕 마시는 것입니다.

일에 대해 의존증에 걸리는 사람도 있습니다. 부부 관계의 위기에 직면해 있는 사람은 그 문제에 맞서면서 성장할 수 있습니다. 그런데 일이 바쁘다는 핑계로 문제에 맞서기를 거부하고 회사로 도망치기도 합니다. 그래서 일 의존증이 되어가는 것입니다.

의존증 환자의 공통점은 자신의 불안을 제대로 의식하지 못한다는 것입니다. 부부 관계가 좋지 않을 때, 그 불안에서 도망치기 위해 일 의존증, 도박 의존증 등 어떠한 형태로든 의존증에 걸려 버리는 것입니다.

우리가 살아가는 현대사회는 의존증을 용인하는 의존증 사회라고 할 수 있습니다. 알코올 의존증 외에도 설탕 의존증, 인간관계 의존증 등 새로운 형태의 의존증이 넘쳐나고 있습니다.

술은 사회적으로 관대하게 허용되는 면도 있습니다. 그래서 알코올 의존증에 대한 경각심이 부족한 것도 사실입니다. 일 의존증에 걸린 사람은 일정표에 계획이 꽉 차 있어야만 안심할 수 있습니다. 불안을 가라앉히기 위해 정신없이 사회 활동에 매진하는 것입니다. 그렇게 열심히 일하다 보면 외로움이 사라지는 것 같고 사랑받고 있다고도 느껴집니다. 그러나 그것은 환상에 지나지 않습니다. 아무리 일정표를 꽉 채워도 마음속 어딘가에서는 불만이 피어오르고 허전한 느낌이 남습니다. 남들에게 정체 모를 불만이나 분노를 느끼는 이유는 아무와도 마음으로 이어져 있지 않기 때문입니다. 그래서 사교적으로 보이는 사람이 사실은 대인 공포증일 수도 있습니다.

앞에서 댄스파티 이야기를 할 때, '나는 파티가 싫다'면서 불안에서 벗어나려는 사람도 있는 반면에, 모든 것을 잊기 위해 적극적으로 파티에 참여하는 사람도 있습니다.

현대 사회는
의존증 사회

지금까지 불안의 소극적 해결을 위한 네 가지 방법에 관해 설명했습니다. 이런 해결법들을 선택하면 인식과 활동 영역이 좁아진다는 문제가 생깁니다.

카렌 호나이는 '소극적 해결은 내면의 강인함을 파괴하는 방향으로 작용한다.'라고 말했습니다. 또한 소극적 해결로만 치닫다 보면 자신의 내면이 붕괴된다는 사실을 알아차리지도 못합니다. 늘 방어적이기 때문에 자신의 내면이 점점 무너지고 있어도 그것을 깨닫지 못하는 것입니다.

소극적 해결법으로 당장에는 불안을 잊을 수 있지만 내적으로는 힘을 잃게 됩니다. 그 결과 '의사소통 능력이 파괴'됩니다.

롤로 메이는 이를 '상상력의 상실'이라고 말합니다. 불안의 소극적 해결로 인해 인생에 역경이 찾아오고 결국 자신만의 세상에 틀어박히게 됩니다.

인간은 의존과 자립의 갈등을 거쳐 성장해 나가지만, 소극적 해결로는 자립하기가 힘듭니다. 소극적 해결은 자아 가치의 붕괴를 막기 위한 것이지만, 유감스럽게도 그런 목적조차 이루지 못합니다. 흔히 '노력하면 이룰 수 있다'고 말하지만, 그것이 의사소통 능력을 상실한 후의 노력이라면 결국 결실을 맺지 못합니다.

제7장

불안 극복을 위한
'적극적 해결'

불안의 원인을
간파한다

불안을 적극적으로 해결할 수 있다면 건전하게 성장하고 남들과의 새로운 관계를 성공적으로 구축할 수 있습니다. 그러나 적극적 해결을 하지 못하면 남들과의 새로운 관계는 의존적인 관계에 빠지게 됩니다.

먼저 불안의 적극적인 해결에 관한 연구를 간단히 설명하겠습니다. 왜 자신이 불안을 느끼고 있는지, 그 원인을 밝혀내는 것이 중요합니다.

'마음의 갈등을 똑바로 마주하고 해결을 추구할수록 내면의 자유와 힘을 획득한다'(카렌 호나이Karen Horney, 『우리의 내적 갈등Our Inner Conflicts』).

아무리 사소한 일이라도 자신의 힘으로 극복하겠다는 각오를 지니는 것이 전제가 됩니다.

불안을 이겨낸
사람의 심리

불안의 적극적 해결법 중 첫 번째는 믿을 수 있는 가치에 대한 헌신입니다. 자신이 믿고 있는 가치가 있으면 불안과 마주했을 때 그 불안을 극복해 나갈 수 있습니다.

제2차세계대전 때 이루어진 군사적 연구가 있습니다. 전투에 직면한 병사들은 우리가 일상생활에서 지닌 불안보다 훨씬 더 큰 불안에 노출되어 있습니다. 그런데 그런 강한 불안 속에서 그 불안을 이겨낸 사람과 그러지 못한 사람이 있었습니다. 그렇다면 양쪽은 어떤 점이 달랐을까요?

조사 결과를 보면, 불안을 이겨낸 사람은 확실한 목표를 가지고 있었습니다. 전쟁터에서는 생명이 위험에 노출됩니다. 그 위험에 겁내는 것은 인간으로서 당연한 심리입니다. 그러한 심리를 이겨내기 위해서는 '나는 조국을 지킨다.', '나는 자유를 지킨다.', '나는 국가의 독립을 지킨다.'라는 식의 확실한 목표를 믿어야 합니다. 남들에게 강요받은 믿음이 아니라, 스스로 믿는 목표를 지니고 있는 경우에는 전투의 불안을 이겨낼 수 있었습니다.

불안을 이겨내기 위해 또 한 가지 중요한 것은 사회적 유대감입니다. 예를 들어, '우리나라에 살고 있는 가족을 지킨다.', '내가 태어난 이 지역을 지킨다.'라는 식의 사회적 유대감을 확실히 품고 있어야 합니다.

마음으로 맺어진 사람도 없고, 목숨 걸고 지킬 고향도 없다면 전쟁터라는 궁극의 상황에서 불안을 극복하기는 인간으로서 거의 불가능한 일입니다.

롤로 메이는 아들러를 평가하며 이렇게 말했습니다. '인간 무리에 속한다고 의식하는 그 개인만이 인생을 불안 없이 살아갈 수 있다'(롤로 메이Rollo May, 『불안의 의미The Meaning of Anxiety』).

롤로 메이는 프로이트가 간과한 사회적 관계를 아들러가 강조했다는 사실을 높이 평가합니다. '또한 사회적 유대감을 확인하고 증대해야만 열등감을 건설적으로 극복할 수 있다고 아들러는 주장했다'(롤로 메이Rollo May, 『불안의 의미The Meaning of Anxiety』).

마음을
가라앉히기 위해

'여자는 약하지만 어머니는 강하다.'라는 말이 있습니다. 어머니가 강한 이유는 물론 아이가 있기 때문입니다. 아이처럼 지켜야 할 대상이나 목표가 확실히 있다면 불안과 제대로 맞설 수 있습니다. 반대로 그런 대상이 없다면 불안의 고통을 견디지 못합니다. 꼭 사람만이 그런 대상이 되는 것은 아닙니다. 좋아하는 일이 있는 경우에도 불안에 견디는 힘이 강해집니다.

미국에서 마음의 질병을 앓고 있는 사람들을 가장 많이 구원해 준 심리학자 시베리는 '마음을 가라앉히려면 좋아하는 일을 찾아라.'라고 말했습니다. 좋아하는 일을 찾는 것은 쉬워 보이지만 생각만큼 쉽지가 않습니다. 특히 남에게 보이기 위한 삶을 살아가는 사람은 자신이 무엇을 좋아하는지도 모른 채

불안에서 벗어나지 못합니다.

　남에게 보이기 위해서가 아니라 내가 믿고 있는 목표를 위해, 남의 기대가 아니라 나의 소망을 위해 묵묵히 행동하는 것이 불안을 적극적으로 해결하는 자세입니다.

'반드시 다시 행복해질 수 있다'고 말한 링컨

자신이 믿는 가치에 대한 헌신에 관해서는 미국의 전 대통령인 링컨을 예로 들 수 있습니다.

링컨은 1861년에 대통령이 되어 노예 해방을 한 인물입니다. 그런 링컨은 우울증을 심하게 앓았던 적이 있습니다. 젊은 시절에 친구들이 '링컨 주변에 칼을 두면 자살할지도 모른다'고 걱정하면서 칼을 없애려고 했을 정도였습니다.

그런 링컨이 노예 해방을 할 수 있었던 것은 역시 가치 있는 신념이었습니다. 노예 해방을 꼭 해야만 한다는 신념 덕분에 그는 고난의 남북전쟁 시기에도 절망하지 않고, 어떻게든 노예 해방을 실현시킬 기회를 찾아냈습니다.

링컨은 다음과 같은 편지를 남겼습니다.

한 소녀에게서 '엄마가 돌아가셔서 이제 나는 살 힘이 없어요.'라는 내용의 편지를 받았을 때 링컨은 '반드시 다시 행복해질 수 있어.'라고 답장을 써주었습니다.

보통 우울증에 걸리면 비관적인 말을 하기 마련이지만, 링컨은 '반드시 다시 행복해질 수 있다'고 말했습니다. 이것이 바로 신념의 힘입니다. 그리고 편지의 마지막에는 '스스로의 결심에 따라 인간은 행복해질 수 있어.'라고 이야기합니다. 자기가 원하는 만큼, 결의한 만큼, 결심한 만큼, 인간은 행복해질 수 있다는 뜻입니다(앨런 로이 맥기니스Alan Loy McGinnis, 「낙관주의의 힘The Power of Optimism」).

젊은 시절에 친구에게서 '주변에 칼을 두면 자살할지도 모른다'는 말까지 들었던 링컨은 서른두 살에 '나는 가장 비참한 생물'이라는 생각마저 했습니다. 하지만 쉰네 살이 되자 '대부분의 사람들은 행복해지고자 결심하는 만큼 행복해질 수 있다.'라는 말을 하기에 이르렀습니다.

이런 일화들을 살펴보면, 행복해지기 위해 가장 중요한 것이 '누가 뭐래도 나답게 살아야겠다'고 결심하는 것임을 깨달을 수 있습니다.

이렇게 자신이 믿는 가치에 헌신하는 것은 우울증마저도 낫게 만듭니다. 우울증에 대해 자세한 내용은 언급하지 않겠지만, 신념에는 엄청난 힘이 있다는 것만큼은 알아두시기 바랍니다.

미국 독립 전쟁을
치른 병사들

전쟁터에서 불안을 이겨내는 병사들에 관해 언급한 바 있습니다. 저는 그러한 위험한 상황에서 겁먹는 사람과 겁먹지 않는 사람의 차이에 흥미가 있어서, 미국의 독립 전쟁에 대해 조사해 보았습니다.

미국의 독립 전쟁은 노스브리지Northbridge(매사추세츠 주)를 사이에 두고 미국군과 영국군이 대치하면서 시작되었습니다.

노스브리지에 미국군 병사들이 집결했고, 액턴에서 아이작 데이비스라는 대위가 부대를 이끌고 뒤늦게 참여했습니다. 그때 데이비스 대위는 '나는 전쟁터로 가는 것을 두려워하지 않았고, 내 병사들도 마찬가지입니다.'라고 말했다고 합니다. 그리고 '우리는 전투를 겁내지 않습니다. 우리 모두가 기꺼이 도시를 지키겠습니다.'라고 선언했습니다.

저는 '정말로 전쟁터에 가는 것을 두려워하지 않을 수 있을까?'라고 생각했습니다. 전쟁터 한복판인 노스브리지에 가는 것을 두려워하지 않는다며 액턴에서 노스브리지까지 행군한 병사들의 심정은 무엇이었을까요?

그래서 저는 그때와 같은 계절에(눈이 날리는 2월) 액턴에서 노스브리지에 이르는 길을 실제로 한 달간 매일 걸어 보았습니다.

데이비스 대위가 이끄는 병사들은 이제 곧 전쟁터에 나간다는 사실을 알고 있었고, 죽을 확률이 엄청나게 높다는 것도 알고 있었습니다. 그러나 그들은 두려워하지 않고 이곳을 걸으면서 자유라는 가치에 대한 확신을 다졌습니다. 자유를 위해서라면 죽어도 좋다는 신념이 어떻게 생겨났을지 생각하면서, 저는 매일 액턴에서 노스브리지까지 걸어갔습니다.

그때 느낀 것은 자유와 독립에 대한 그들의 신념은 매우 강했을 것이라는 실감입니다. 인간을 마지막으로 구원해 주는 것은 신념임을 절실히 깨달았습니다.

간디의
'자신에 대한 존엄'

　인도 독립의 아버지인 간디는 중류층 출신인데, 어릴 때는 부끄러움을 매우 많이 탔다고 합니다. 괴롭힘을 당하거나 돌 팔매질을 당할 정도로 약한 아이였습니다.

　그 수줍음을 잘 타는 사람이, 우울증에 걸린 적 있던 링컨과 마찬가지로, 인격의 재구성에 성공해서 인도 독립의 아버지라는 호칭까지 받게 되었습니다.

　'수줍고 겁 많던 간디를 위대한 건국의 아버지로 변화시킨 것은 결의일 것이다'(존 매케인John McCain, 마크 솔터 Mark Salter 『성격이 운명이다 Character Is Destiny』).

　'어렸을 때 숫기도 없고 실력도 평균 이하였다. 하지만 지적 발달에는 한계가 있지만 마음의 발달에는 한계가 없다면서 위대한 일을 이루어냈다'(하워드 가드너Howard Gardner, 『열정과 기질Creating minds』).

'간디를 위대한 건국의 아버지로 변화시킨 것은 힌두교에 대한 종교적 헌신이다. 이러한 확고한 목표를 지닌 것이 큰 힘이 되었다. 간디는 허영심을 자신에 대한 굳은 신념으로 치환했다'(존 매케인John McCain, 마크 솔터 Mark Salter 『성격이 운명이다Character Is Destiny』).

간디는 허영심을 자신을 포함한 모든 사람의 존엄에 대한 경의로 대체했습니다. 부끄럽고 겁이 많은 에너지를 먼저 자존감으로, 다음에는 모든 사람의 생명에 대한 존경으로 대체한 것입니다.

허영심의 반대는 자존의 감정, 스스로를 공경하는 마음입니다. 자신을 존경하지 못하면 허영심이 강해지는 법입니다. 삶의 목적을 찾을 수가 없기 때문입니다.

허영심은 버리고 싶다고 버려지는 것이 아닙니다. 그래서 억지로 버리려고 하기보다는 자신의 신념을 먼저 찾아야 합니다.

그 신념은 간디처럼 힌두교여도 좋고, 불교여도 좋고, 기독교여도 좋고, 물론 종교 이외의 다른 대상이어도 상관없습니다. 내가 믿을 수 있는 사람이나 무언가 믿을 수 있는 대상을 찾아내고, 그것을 발판 삼아 허영심을 버리는 것입니다.

허영심은 스트레스를 일으키고 내면의 힘을 파괴하기 때문에 문제가 됩니다. 허영심이 강한 사람은 불면증, 우울증, 자율 신경실조증에 걸릴 수도 있습니다. 이렇게 허영심은 올바로 살아가기를 방해합니다.

아들러나 베란 울프가 말한 것처럼 허영심은 신경증의 원인입니다. 신경증 환자는 삶의 목표를 잘못 알고 있습니다. 살아가는 에너지의 사용법을 잘못 알고 있는 셈입니다.

간디에게서 우리가 배워야 할 것은 우리 내면에 잠들어 있는 엄청난 힘을 알아내는 방법입니다. 마음속에 잠재되어 있는 가능성은 충분히 발휘될 기회를 기다리고 있습니다.

'모든 인간은 아주 작은 부분의 가능성만을 사용한다고 윌리엄 제임스는 주장했다. 건설적인 스트레스 – 열렬한 연애, 종교적 열정, 싸울 용기 – 에 놓일 때 비로소 우리는 깊고 풍부한 창조적 자질을 깨닫는다. 그리고 몸속에 잠들어 있는 대량의 생명력을 내뿜기 시작한다.

마인드리스니스Mindlessness는 자기 이미지를 떨어뜨리고 선택의 폭을 좁히고 독선적인 마음가짐을 가져온다. 이렇게 해서 우리는 스스로의 가능성을 낭비한다'(엘렌 랭어Ellen Langer, 『마음 챙김 Mindfulness』).

하버드 대학교의 엘렌 랭어Ellen Langer 교수는 발육을 저지당했을 가능성stunted potential에 관해 설명합니다. 성장에 필요한 내적인 힘을 빼앗는 무언가가 존재하는데, 그것이 바로 허영심, 복수심, 자기 집착이라는 것입니다. 그리고 그것은 자립이 아니라 의존을 초래합니다.

인생을 개척하는
최선의 수단

링컨이나 간디가 특별한 사람이라고 생각할 수도 있지만, 결코 그렇지 않습니다.

예를 들면, 시각장애인으로 살면서 여러 가지 어려움을 겪었지만 그것을 극복하고 행복을 찾았다는 사람이 있습니다. 이전에 어떤 강의를 한 후에 그분한테서 편지를 받았습니다. 그 편지에는 '눈이 불편하기 때문에 알 수 있는 사실도 있습니다. 제 마음은 지금 환희에 차 있습니다.'라고 적혀 있었습니다. 그분은 수학을 좋아하기 때문에 매일 아침 5시에 일어나서 수학 공부를 했고, 직장인으로서도 열심히 일하고 있습니다.

그분이 믿는 가치에 대한 헌신은 간디와 같은 종류의 것입니다. 여러분도 간디나 링컨처럼 신념에 대한 헌신을 동일하게 할 수 있습니다.

반대로 신념이 없거나 비뚤어진 신념을 가지고 있다면 정말 불행한 상태입니다. 그것은 마음에 큰 상처를 입은 것이나 다름없습니다. '자신답게 사는 것'이 불안을 극복하기 위한 최선의 수단입니다. 그러기 위해서는 자신의 신념을 찾아내는 것이 중요합니다.

솔직함은 현실을
부정하지 않는 거

불안을 극복하는 적극적 해결법 중 두 번째는 의식 영역의 확대입니다. 불안의 소극적 해결법 중 하나가 '현실 부정'이었는데, '의식 영역의 확대'는 그것과 정반대의 관계입니다.

현실을 부정하지 않고 자신에 대한 의식 영역을 확대한다는 것은 곧 무의식의 힘을 의식화하는 것입니다.

무의식의 의식화는 불행한 사람이 행복해지는 데 필수입니다. 무의식의 영역에 여러 가지 문제를 가두고 외면하면 결코 행복해질 수 없습니다.

솔직하다는 말은 칭찬으로 자주 쓰입니다. 솔직하다는 것은 현실을 부정하지 않는다는 뜻입니다. 솔직하지 못한 사람은 자신에 대해 견디기 힘든 감정을 인정하지 않습니다. 그래서 불안의 감정을 무의식 속으로 몰아넣습니다. 무의식적으로 자신은 사랑받을 가치가 없는 인간이라고 느낍니다. 그러나 그것을 인정할 수 없기 때문에 허세를 부리고, 현실을 부정합니다.

솔직하지 못한 사람은 정말로 원하는 것이 있음을 숨깁니다. 결혼하고 싶지만 결혼하기가 힘들 때, '나는 결혼을 못하는 것이 아니라, 안 하는 거야.'라고 변명합니다. 이렇게 솔직하지 못한 태도를 취하기 때문에 인간관계에서도 갈등이 생겨납니다.

솔직하지 못한 태도는 나이를 먹을수록 표정에 나타납니다. 얼굴에서 진지함을 찾아볼 수 없고, 사물을 똑바로 응시하지 못합니다. 일그러진 마음이 표정에 그대로 드러나는 것입니다.

어떤 사람으로부터 원하는 만큼의 인정을 받지 못하는 경우, 그 상황을 솔직하게 받아들인다면 발전할 수 있습니다. 하지만 현실을 부정하는 사람은 그 상황을 삐딱하게 해석하고 현실을 인정하지 못합니다. 원하는 만큼 인정받지 못한다는 사실을 받아들일 수 없는 것입니다.

솔직하기 때문에 행복해지는 것인지, 행복하기 때문에 솔직해지는 것인지, 그 순서는 알 수 없습니다. 다만 솔직한 사람의 인생은 행복의 선순환이 일어나 살아가기 편하다는 점은 확실합니다. 현실을 부정하느냐, 현실의 자신을 받아들이느냐에 따라 인생의 과제를 해결하느냐, 못하느냐가 갈립니다. 현실을 인정하느니 차라리 죽는 편이 낫다고 말하며, 실제로 죽어 버리는 사람도 있습니다.

하지만 현실의 자신을 인정하지 않고서는 자기실현을 할 수 없습니다. 현실을 마주하는 것은 힘들지만, 고민을 해결하려면 반드시 필요한 일입니다.

현실을
직시할 수 있는가?

불안의 소극적인 해결법 중 '합리화'를 이야기한 바 있습니다. 합리화를 통해 당장의 불안에서 벗어날 수는 있어도, 결국 마음은 약해집니다. 게다가 얼마나 마음이 약해지는지 본인조차 알아차릴 수 없습니다. 그런데 의식 영역의 확대를 이용하면 우리의 마음이 얼마나 약해져 있는지 의식할 수 있습니다. 합리화의 이면에는 무의식적인 힘이 숨어 있습니다. 앞에서 말한 것처럼, 아이를 감정적으로 때리면서도 훈육이라고 믿는 사람이 많습니다. 그러한 숨겨져 있는 무의식의 힘을 의식하는 것이 불안의 적극적인 해결책이 됩니다.

사실 많은 사람은 무의식중에 성숙을 거부하고 있습니다. 의식의 영역과는 상관없이 우리는 무의식적으로 불행을 원하는 경우가 많습니다. 그렇게 무의식과 의식이 모순되고 갈등하기 때문에 우리는 점점 더 불안해집니다. 그래서 불안을 느낀다면 몸 안에서 무언가 나쁜 일이 일어나고 있음을 분명히 인식해야 합니다. 그것이 불안을 적극적으로 해결하려는 자세입니다.

조현병에 걸린 딸과 그 어머니에 관한 이야기입니다. 어머니는 자신의 불행을 부정했을 뿐 아니라, 딸의 불행까지 부정했습니다. 가족 모두 행복하다고 우겼습니다. '행복한 가족'이라는 경직된 시각을 고집하며 '나는 행복하다'고 말했습니다. 딸이 조현병을 앓고 있다는 현실을 철저히 부정했습니다.

그러한 현실을 인정하는 것은 괴로운 일입니다. 이러한 현실 부정은 사태를 더욱 악화시킵니다. 반대로 말하면, 현실을 직시하는 것이 올바른 해결책이 됩니다.

이유를 따지는 것이
행운으로 향하는 문

　실연을 당했을 때 자신을 버린 상대방을 깎아내리는 사람이 있습니다. 하지만 무의식적으로는 상대방을 여전히 좋아하고 있습니다. 새로운 연인을 사귀어도 옛 연인이 그리워집니다. 이래서는 결코 행복해질 수 없을 것입니다.

　물론 실연은 뼈아픈 경험입니다. 그 경험은 슬프지만, 사람이 성장해가는 하나의 통과점이라고도 할 수 있습니다. 실연을 솔직히 인정하고 적극적인 해결책을 취하는 사람은 '왜 이 연애가 실패한 것인가?'를 뒤돌아볼 것입니다.

　즉 의식 영역의 확대에는 '왜?'라는 물음이 필수입니다. 행운으로 향하는 문은 '왜?'라는 물음에서 생겨난다고 기억하는 것이 좋습니다.

왜 그 사람과 헤어지게 되었을까?
왜 지금 나는 이렇게 괴로운 것인가?
나는 왜 이렇게 불쾌한가? 나는 왜 이렇게 우울한가?
내가 왜 이렇게 의존심이 강한가?

'왜' 그런지를 진지하게 생각하고 자신의 무의식을 깨닫는 것이 진정한 불안의 해결로 이어집니다. 결과적으로 자신과 솔직히 마주할 힘이 갖추어집니다.

어떤 사람은 '나는 야구를 못한다고 인정하는 데 30년이 걸렸다.'라고 말했습니다. 30년에 걸쳐 일어난 '의식 영역의 확대'라고 할 수 있습니다. 야구를 못한다고 인정한다고 해서 자신의 존엄성을 잃지 않는다고 느꼈기 때문에 마침내 이를 인정할 수 있었던 것입니다.

야구를 못하더라도 그런 자신을 솔직히 인정하고 야구를 취미로 즐기기로 결정하면 마음의 평온함이 찾아옵니다. 자신을 있는 그대로 받아들이고, 남들을 또 있는 그대로 인정해 줄 수 있는 여유가 생겨납니다.

자신의 열등감을 하나하나 인정하면 그때마다 쑥쑥 성장해 갑니다. 그런 사람은 자기 삶에 대한 믿음, 자신에 대한 믿음을 가지고 있습니다. 또한 인생의 다양함을 맛볼 줄 아는 사람으로 발전할 수 있습니다.

불안할 때가
인생의 기로

    스스로는 옳다고 생각하는데 어쩐지 주변으로부터 고립되어 있다면, '혹시나 무의식의 영역에 문제를 안고 있을지도 모른다'고 생각하는 편이 좋습니다.

    누구나 인생에서는 다양한 문제가 차례차례 생기기 마련입니다. 그 문제들에 대처하고 해결해 나가는 것이 삶의 보람입니다. 살아간다는 것은 문제를 해결해간다는 것과 같습니다.

    요즘에는 가정폭력, 등교거부, 은둔형 외톨이, 갑질 등의 사회문제가 많습니다. 학교에서는 여전히 집단 괴롭힘이 뿌리 뽑히지 않고 있습니다. 아이를 학대하는 부모는 학대가 나쁜 짓이라는 것을 알면서도 학대를 저지릅니다. 하지만 아무리 반성해도 또다시 똑같은 짓을 저지릅니다. 그것은 무의식중에 벌이는 행동이기 때문입니다. 이 모든 사회문제가 무의식중에 일어나는 것입니다.

　현대인은 누구나 먹고살기에 바쁘고, 본인의 능력을 넘어서는 일들을 겨우겨우 소화하고 있습니다. 공동체 안에서 개인으로서의 존재가 보장되지 않기 때문에 사회에 다양한 왜곡이 발생하고 있습니다.

　그렇기 때문에 더더욱 '불안할 때가 인생의 기로'라고 할 수 있습니다. 현대의 소비사회, 경쟁사회에 매몰되느냐, 아니면 진정으로 강한 사람이 되어 자신답게 살아갈 것이냐 하는 기로에 서 있습니다. 살아간다는 것은 문제를 해결해 간다는 것임을 명심해야 합니다.

불안에 어떻게 대처하느냐에 따라 인생이 달라진다

그런 의미에서는 '나는 신경증적 경향이 강한 사람'이라고 의식할 수 있다면 '나에게는 아직 광대한 가능성이 남아 있다. 인생은 지금부터.'라고 생각해도 좋을 것입니다.

앞에서 말한 것처럼 신경증적인 불안은 그 사람의 인격에 무언가 좋지 않은 상황이 일어났다는 경고입니다. 그 불안에 대해 적극적으로 대처하느냐, 소극적으로 대처하느냐에 따라 인생이 크게 달라집니다.

신경증적 불안 때문에 끊임없이 여러 가지로 고민하지만, 문제는 고민 하나하나가 아니라 인간관계에 있습니다. 인간관계에 무언가 좋지 않은 상태가 생기면, 그 상태가 고민의 원천이 됩니다.

그래서 사는 것이 힘들어졌을 때는 먼저 자신의 인간관계를 직시하고 재검토해야 합니다. 문제가 생기면 문제의 원인부터 파헤쳐야 하는 것입니다. 예를 들어, 아이가 등교하지 않으면 '내가 아이를 대하는 방법에 어떤 문제가 있을까?'라고 고민해야 합니다. 나의 의식 영역을 알아차리면 그 내면적 요인의 발견이 새로운 통찰력을 만들어 냅니다.

시베리는 '내면적 요인을 발견하는 것이 불안의 적극적인 해결법'이라고 말했습니다.

우리는 모두 노력하고 있지만, 그중에는 도중에 열정이 식어 버리는 사람도 있습니다. 그 이유는 배타적으로 노력하기 때문입니다. 안타깝게도 노력의 방향이 잘못된 경우가 많습니다.

도망치려는 노력(불안의 소극적 해결)이 아니라, 맞서는 노력(불안의 적극적 해결)을 해야 합니다. 맞서는 노력 없이는 인생에 해피엔딩이 없습니다. 도망치는 노력을 아무리 해봤자 결코 행복해질 수 없습니다.

자신의 인생을 버리는 편이 낫다고 말하는 사람도 있습니다. 하지만 중요한 것은 과거로 거슬러 올라가서 '왜 스스로 가치 없는 인간이라고 말하는 자기 멸시의 이미지를 가지게 되었는가?', '문제가 되는 인간관계는 어떤 것인가?' 등을 따져봐야 합니다. 그런 식으로 자신을 재교육하는 것입니다. '잘못된 가치관을 익혀 버린' 근원을 더듬어가는 것이 곧 인격의 재구성이라고 할 수 있습니다.

'나는 실패한 인생을 살고 있다. 나는 살아 있는 것이 무섭다. 나는 살아가는 의미를 잃어버렸다.'라는 현실을 인정하기는 힘듭니다. 하지만 인정할 수 있다면, 아들러의 말마따나 '고통은 해방과 구원으로 향하는 문'입니다. 인정함으로써 롤로 메이가 말하는 '의식 영역의 확대'가 생겨나고, 카렌 호나이가 말한 '내면의 자유와 힘'을 얻을 수 있습니다. 당신은 인생을 버릴 수 있겠지만, 인생은 당신을 버리지 않습니다.

맺음말

진실을 받아들여야 고통에서 해방된다

현재의 심각한 사회문제 중 하나가 은둔형 외톨이입니다. 30~50세의 한창 일할 나이의 사람들이 방 안에 틀어박혀 아무 일도 하지 않고 늙은 부모의 연금으로 살아가고 있습니다. 늙은 부모가 죽을힘을 다해 일하고 있는데, 은둔형 외톨이는 그저 부모님의 등골만 빨아먹고 있습니다.

어딘지 모르게 막연한 적의를 세상 사람들에게 가지고 있는 사람, 막연한 불만을 안고 있는 사람이 있습니다. 그런 식으로 정체 모를 불안을 안고 있는 사람은 스스로 의식하지 못하는 부분에서 문제를 품고 있습니다.

그러나 만일 그 정체를 알아도 그들은 그것을 인정할 마음이 없습니다. 마음의 갈등을 외면하기 때문에 불안한 것이고, 그 불안이 자립을 가로막고 있는 것입니다.

'행복한 사람은 인생의 틀을 펼쳐 현실과 직면하려고 한다'(베란 올프W. Beran Wolfe 『인간을 통해 행복해지는 방법How to be Happy Through Human』).

앞에서 말한 시각장애인은 마음의 갈등과 싸우고 있었습니다. 그는 대학교에서 장애인 지원 센터에 들어감으로써 불안에서 벗어날 수 있었습니다. 그리고 친구를 찾아 도움을 받으면서 자신의 세상을 넓힐 수 있었습니다.

갈등을 받아들이는 것이 마음의 힘입니다. 그리고 그 약점을 받아들임으로써 세상이 넓어지고 자신의 장점을 발견할 수 있습니다.

불안을 하나의 경험으로 이겨낸 사람은 개성적입니다. 차분하고 자신감 있고 안정적인 마음이 기쁨으로 가득 차 있습니다. 불안을 견디는 능력이 있다는 것은 개성을 가졌다는 증거입니다. 유행하는 명품 가방을 들고 다니는 것이 개성이 아닙니다.

진실을 보는 것의 고통은 해방과 구원으로 이어집니다. 예를 들어, '그 사람은 사실 진정한 친구가 아니었다.', '엄마는 다정한 사람이 아니었다.'라는 사실을 인정하는 것은 괴롭습니다. 그러나 그것을 인정할 수 있다면, 불우한 환경에서 자라서 소외감을 느꼈더라도 어쩔 수 없는 일이라고 받아들이고 다음 단계로 나아갈 수 있습니다. 지금까지는 자신답게 살지 못했지만, 틀렸다는 것을 인정하고 앞으로는 자신답게 살면 됩니다.

그 진실을 인정하는 것이 중요합니다. 현실을 올바로 받아들이는 것은 괴로운 일이지만, 지금의 자신의 부정적인 감정으로부터 도망치지 않는 것이 해방과 구원으로 이어집니다. 부정적인 감정이야말로 성장의 기회입니다. '나는 이런 사람이다.'라고 올바로 이해할 수 있어야 비로소 원하는 방향으로 나아갈 수 있습니다.

롤로 메이의 말처럼 의지는 자기 파괴적으로 작용하는 경우가 있습니다. 하지만 자신에 대한 부정적인 감정을 올바르게 이용하면 의지가 자기 파괴적으로 작용하지 않습니다.

의지는 사람을 구하는 것입니다. 현실을 합리화하거나 부정하거나 억압하면 사람은 생산적으로 살 수 없고, 행복해질 수 없습니다.

열심히 한다고 다 좋은 것은 아니다

왜 사람들은 매일 고민하는가?

왜 사람들은 매일 죽고 싶다고 말하는가?

죽고 싶다고 말하면서도, 정작 죽으라고 하면 왜 화내거나 우울해하는가?

불안한 사람이 죽고 싶다고 하는 말은 거짓이 아니겠지만, 한편으로 죽고 싶지 않은 마음도 거짓이 아닙니다. 그저 그 사람은 내면의 변화를 거부하고 있는 것입니다.

고민하는 사람이 지금까지 열심히 해온 노력이 모두 좋은 것만은 아닙니다. 시야가 좁은 상태로 하는 노력은 본인이나 상대방에게 바람직하지 않습니다. 상대방과의 관계 속에서 고민하지 않기 때문입니다.

중장년층의 자살이 늘고 있습니다. 자살하는 사람들은 결코 게으름뱅이가 아닙니다. 그때까지 열심히 일한 사람입니다. 열심히 노력했지만 동료, 상사, 부하와 의사소통이 잘 되지 않았습니다.

왜 열심히 일하는데 인간관계가 잘 이루어지지 않았을까요? 왜 일이 잘 풀리지 않았을까요? 그 이유는 불행해지는 노력을 그만두려고 해도 그만둘 수 없었기 때문입니다. 그런 상황을 스스로 만들어 놓고도 '나는 행복하고 싶다'고 소망합니다. 그런 사람은 적성에 맞지 않는 일, 싫어하는 일을 억지로 노력해서 한 결과, 번아웃 증후군에 빠진 것입니다. 너무 열심히 해서 결과적으로 무기력해져 버리는 사람도 있습니다.

행복의 출발점에 서자

사람은 누구나 행복하게 살기를 바랍니다. 그 마음에는 거짓이 없습니다. 그러나 행복해지고자 하는 욕망보다 불행해지는 매력이 훨씬 더 강렬합니다.

의식과 무의식이 안고 있는 이런 갈등과 모순을 이해하지 않고서 그저 행복해지고 싶다고 해서 행복해질 수는 없습니다. 독자여러분이 그 점을 이해한다면 이 책의 목적은 달성되었습니다.

거듭 말했듯이, 불안은 지금의 생활방식이 어딘지 이상하다는 신호입니다. 지금까지의 언동이 왜 그랬는지 진정한 원인을 이해한다면 살아가기가 훨씬 수월해질 것입니다.

적의와 같은 감정을 억압하고 막연한 불안에 시달리는 사람이 그 상태에서 노력과 수행을 하는 것은 위험합니다. 인격이 비뚤어질 수가 있기 때문입니다. 그보다는 '나는 왜 불안을 느끼고 있는가?' 하는 원인을 알아내는 것이 우선이라고 마지막으로 강조해 두고 싶습니다.

'신경증적 불안은 그 사람의 인격 안에 무엇인가 나쁜 상황이 일어나고 있음을 알리는 경고로서 건설적으로 처리할 수 있다(신경증적 불안은 또한 그 사람의 인간관계에 무엇인가 갈등이 일어나고 있음을 보여 주는 것이다)'(롤로 메이Rollo May, 『불안의 의미The Meaning of Anxiety』).

시베리는 '무언가가 걱정될 때는 항상 자신이 회피하는 중심적인 사실이 있음을 알아야 한다. 그 중심적 사실은 당신 자신을 변혁하라는 요구를 끊임없이 당신 앞에 제시할 것이다.'라고 말했습니다. 불안의 적극적 해결책을 생각해 보면, 시베리의 이 말을 잘 이해할 수 있을 것입니다.

불안한 사람은 무엇이 자신을 괴롭히고 있는지 잘 모릅니다. 알프레드 캐손Alfred Joseph Casson이 쓴 『행운의 13가지 팁 Thirteen Tips on Luck』이라는 책이 있습니다. 그 책에는 행운을 잡는 힌트로서 '왜?'를 생각하라고 쓰여 있습니다. '왜?'라고 따져 물으면 마음의 갈등과 직면하면서 내적인 힘을 얻을 수 있습니다.

인간에게 불안은 근원적인 문제입니다. 이 시대의 일시적인 일이 결코 아닙니다. 그리고 불안은 앞으로 더더욱 인류에게 본질적인 문제가 될 것입니다. 이 책은 그 문제를 정면으로 다루었다고 알아주시기 바랍니다.

2021년 12월

가토 다이조

불안한 마음을
안아 주는 심리학

초판 1쇄 발행 2022년 7월 18일

지은이　가토 다이조
옮긴이　이용택

발행처　이너북
발행인　이선이

편　집　김지혜
디자인　이유진, 혜리
마케팅　김집
등　록　제 2004-000100호
주　소　서울특별시 마포구 백범로 13 신촌르메이에르타운Ⅱ 305-2호(노고산동)
전　화　02-323-9477　**팩　스**　02-323-2074
E-mail　innerbook@naver.com
블로그　http://blog.naver.com/innerbook
포스트　https://post.naver.com/innerbook
ⓒ 가토 다이조, 2022
ISBN　979-11-88414-66-6　03180